船津衛・山田真茂留・浅川達人 編著

21世紀社会とは何か

―「現代社会学」入門

恒星社厚生閣

はしがき――本書の目的と構成

現代社会、とりわけ二一世紀社会は変化・変容のきわめて著しいものとなっている。グローバル化、情報化、高齢化、少子化などが急速に進み、また、戦争、テロ、自然災害、環境破壊など、さまざまな問題が引き起こされている。そして、社会全体が一つの方向に向かうのか、それとも多様な道を歩むのか、そのゆくえはきわめて不透明である。

本書は、このような二一世紀社会のあり方について、自己、都市、集団・組織、集合行動、共同性・公共性、ジェンダー、身体感覚、宗教、情報、災害、高齢者、「病い」、〈死〉、「心の豊かさ」という社会現象、および、ポスト三・一一の社会状況から、その現実と変化の様相を具体的に解明し、そこにおける問題点を浮き彫りにし、そこから、あるべき姿を探っていくことを意図している。

第一章は、二一世紀社会を「リスク社会」としてとらえ、それを人間の内省によって乗り越え、新しい合理性と親密性を生み出していくことが述べられている。第二章は、人々の自己のあり方として、問題解決的自己、状況的自己、脱中心的自己、物語的自己など、さまざまな自己が存在することが明らかにされている。そして、第三章では、都市の空間構造とその変化について、分析ツールとして「社会地図」を用いて解明し、東京圏を中心に都市社会の構造と変動について具体的に解明されている。

第四章では、現代社会における集団・組織の重要性を指摘するとともに、官僚制組織、ヴォランタリー・アソシエーション、社会関係資本、「純粋な関係性」について検討が行われている。また、第五章は、群衆行動や社会運動などの集合行動について、社会不安および不満という観点から社会構造や個人の信念、人々の相互作用との関連において考察されている。第六章は、社会の変動に伴う社会の編成について、個人化、共同性、公共性という視座から接近し、二一世紀社会における「つながり」のあり方が問題とされている。

第七章は、ジェンダーという言葉の発生と歴史および現代社会におけるジェンダーについて説明し、身近な事例を通してジェンダーの問題が検討されている。第八章では、視覚と嗅覚による身体管理の変遷をフォローし、現代社会における〈まなざし〉による支配と癒しの空間とのかかわりを問うている。そして、第九章は、現代宗教がどのような様相を呈しているのか、日本人の宗教性、世俗化による宗教のゆくえを論じ、さらに、伝統的宗教とともに新しい宗教の動きについて言及している。

第十章は、コミュニケーションの変容、受信・発信のリテラシー、ITコミュニケーションの現状を取り扱い、また、情報コミュニケーションの倫理について論じている。第十一章は、災害に関する社会情報論的アプローチ、組織論的アプローチ、地域社会論的アプローチを検討し、社会の多様性と統合原理に基づく災害社会学の必要性を説いている。第十二章は、高齢者においてさまざまなソーシャル・ネットワークが存在しており、それらがソーシャル・サポート機能とコンボイ構造を有していることが具体的に明らかにされている。

第十三章は、「病い」について、治療によって元に戻る「回復の物語」があてはまらない、治療の必要性（あるいは可能性）のないケースに対する社会学的視座が提示されている。第十四章では、現代における〈死〉の隠蔽が〈生〉のリアリティを喪失させ、人々が〈死〉の意味を考え、悼む機会を奪い去ることが述べられている。第十五章では、「心の豊かさ」の本来的意味を考えるために、個人の生活と社会、個人の人生と世界社会の動向のつながりを捉える「社会学的想像力」の必要性が説かれている。そして、第十六章では、中央と地方の格差や断絶の存在が指摘され、東日本大震災の被災地の復興の現実と自立に向けての住民の動きが具体的に明らかにされている。

なお、各章のそれぞれの文脈に応じて、reflexion は内省、再帰、self は自我、自己、また、interaction は相互作用、相互行為などに訳し分けられている。

本書は、もともとは放送大学のテレビ科目「二一世紀の社会学」（二〇〇五－〇八年度）のテキスト『二一世紀の社会学』（放送大学教育振興会、二〇〇五）として作成されたものである。四年間の講義も好評のうちに終了したが、その後も問い合わせが多くあった。そこで、今回、恒星社厚生閣のご厚意により、タイトルも新たに『二一世紀社会とは何か――「現代社会学」入門』として出版させていただくことになった。そして、内容も大幅に改訂し、二一世紀社会のさまざまな変化や新しい事柄の発生を踏まえ、各章とも書き加えられ、また、新たに、「ポスト三・一一の社会学」を一六章として付け加えた。

本書は、二一世紀社会のあり方について、社会学の観点から具体的現実の解明を目指し、問題点を指摘し、新たな事実を浮き彫りにするとともに、二一世紀社会の新しい方向について積極的な問題提起を行い、問題解決の方策を明示している。読者は本書によって、二一世紀社会が現在いかなる状況であり、今後どのようになっていくのかについて新たな知見を得るとともに、社会学がどのような学問なのかについて知ることができると思われる。

本書の出版に関して、種々ご配慮下さった恒星社厚生閣社長片岡一成さん、編集部の白石佳織さんに心から感謝申し上げる次第である。

二〇一四年二月

船津　衛

21世紀社会とは何か――「現代社会学」入門　目次

21世紀社会とは何か——「現代社会学」入門

第一章 「二一世紀社会」とは何か
――二一世紀社会と社会学

一 「リスク社会」の到来

※「リスク」と「リスク社会」

二一世紀の現代社会は変化・変動がきわめて著しいものとなっている。国際的にはグローバル化の進展による世界システムの拡大と地球規模の環境破壊、国際関係の悪化と大規模戦争の危惧が存在し、日本国内では政治面での保守―革新軸の解体と一強多弱体制の出現、経済面でのバブル経済の崩壊とアベノミクスによる景気回復と財政破綻の不安、さらに、東日本大震災とその後の復興の遅れ、原発事故収拾の困難などの混迷が続いている。そして、国の内外を問わず、家族の少人数化・高齢化、親子・夫婦の関係の変化、家族形態の多様化、また、人々の組織離れや孤立化が急速に進んでいる。情報化が目覚ましい進展を遂げており、階級・階層が質的に変容し、ジェンダーやエスニシティなどが新たな問題として浮上してきている。さらには、若者をはじめ、多くの人々がアイデンティティの喪失に悩むようになっている。

このように激しく変化する二一世紀は「すばらしい時代」になるというよりも、むしろ、

※ベック（Ulrich Beck）（一九四四―二〇一五）
ドイツの社会学者。「リスク理論」の提唱者として有名であり、「リスク社会論」の第一人者である。現代社会を「リスク社会」としてとらえ、「リスク」の本質、「リスク」の拡大による社会の変容、内省による「リスク」の克服などを明らかにしている。著書に『危険社会』（一九八六）、『リスク化する日本社会』（共著）（二〇一一）などがある。

苛酷で、危険な「リスク社会」となるといわれている。「リスク社会」とは、U・ベック※（Beck, 1944-2015）によると、原発事故、自然破壊、環境汚染などの「リスク」が過度に拡大された社会のことを指している（ベック、東廉、伊藤美登里訳『危険社会』法政大学出版局、一九九八〔原著一九八六〕）。そこにおいて「リスク」はシステム上、不可避の事柄となり、不可逆的な被害を引き起こすものとなっている。そして「リスク社会」では「リスク」がグローバル化され、地球規模に拡大されて「世界リスク」となるとともに、「リスク」は平等化され、貧しき者も富める者もすべて、「リスク」を経験するようになる。

また、A・ギデンズ※（Giddens, 1938- ）によると、「リスク」は生態系の荒廃や惨禍、核戦争や大規模戦争、経済成長メカニズムの破綻、全体主義的権力の増大として現れている（ギデンズ、松尾精文、小幡正敏訳『近代とはいかなる時代か』而立書房、一九九三〔原著一九九〇〕）。そして、このような「リスク」がいまやジャガーノート（巨大エンジンを装着して疾走する超大型の長距離トラック）状態になっており、そこではメガ・ハザード（巨大なる危険）となってしまっている。

❊「問題的状況」と「内省」

「リスク社会」は科学・技術が危険を作り出す社会であり、自己破壊の社会である。ベックもギデンズも現代社会のゆくえをきびしく見ている。実際、「リスク」が各地において多く生み出されてきており、そのゆくえはきわめて不透明である。しかしまた、彼らは全く悲観

※ギデンズ（Anthony Giddens）（一九三八－ ）
イギリスの社会学者。人間は社会構造を能動的に形成する主体であり、社会構造は人間行為に規制するだけではなく、行為を可能とさせるとする「構造化理論」を提言している。著書に『社会学の新しい方法規準』（一九七六、第二版一九九三）、『モダニティの帰結』（一九九〇）、『近代性と自己アイデンティティ』（一九九一）、『親密性の変容』（一九九二）などがある。

的なのではなく、「リスク」が解決可能であると考えている。すなわち、「リスク」は人々の「内省」[※](reflexivity)によって乗り越えられる(ベック、ギデンズ、ラッシュ、松尾精文ほか訳『再帰的近代化』而立書房、一九九七〔原著一九九四〕)。「内省」とは人間が他者の期待や態度を通じて客観的に自己を振り返ることを意味している。人間は「内省」によって自己を振り返り、状況を検討し、それを修正・変更・再構成を行い、新たなものを生み出すことができるようになる。

このような「内省」は、一般に、妨害や障害などによって、これまでの習慣的行動がそのままでは進行が困難となる「問題的状況」(problematic situation)において活性化される。現代の「リスク社会」は、まさにこのような「問題的状況」となっており、社会が「リスク」という「問題的状況」であればあるほど、「内省活動」を活発化させていかなければならなくなる。ベックによれば、近代化の過程はその課題と問題に対して内省的となる。そして、「リスク社会」は自己と対決し、自己を批判する社会であり、そこでは「リスク」をどのように管理、暴露、包容、回避、隠蔽するかが重要な問題となる。

二一世紀はこのような「内省」が進行する「内省的近代化」(reflexive modernization)の時代である。「内省的近代化」とは、近代化が直線的に進むのではなく、社会自体が自らを振り返ることによって、その見直しがなされ、変更が行われるようになることを意味している。ベックによると、「内省的近代化」の基本的命題は「社会の近代化が進めば進むほど、行為の担い手(主体)は自己の存在の社会的条件を内省し、その条件を変える能力を獲得して

※ **「内省」(reflexivity)**
「再帰」ともいう。人間が自己を振り返ること。それによって現在の状況をとらえ直し、再構成できるようになる。個人レベルと集団的レベルでの「内省」とがあり、また、認知的「内省」や美的「内省」がある。「内省」には専門家による場合もあれば、非専門家による場合もある。

いくようになる」（ベック、ギデンズ、ラッシュ、前出、一九九七〔原著一九九四〕）ことである。「内省的近代化」によって、産業社会の延長としての近代化が終わり、産業社会の前提そのものの変容が押し進められるようになる［1-1］。

「リスク」 ➡ 「内省」 ➡ 状況の再構成 ➡ 「問題的状況」の乗り越え

「内省」(reflexivity)＝人間が自己を振り返り，検討し，修正・変更・再構成を行い，新たなものを生み出すこと

1-1 「リスク」と「内省」

二 社会学の方法の革新

※ これまでの社会学の方法

「内省」は「リスク社会」の乗り越えを可能とさせる。二一世紀社会においては人間の「内省」の果たす役割はきわめて大きい。しかし、このような「内省」については、これまでの社会学においてはあまり問題とされず、むしろ、無視されてきたといえる。それは社会学が自然科学的、実証主義的科学として展開され、社会事象を「モノ」として見て、因果分析や外的な行動の解明を行い、「内省」を人間の主観と見なし、観察不可能としてきたからである。

社会学はその創始者であり、社会学の父といわれるA・コント（Comte, 1798-1857）以来、自然科学の方法をモデルとして、一刻も早く、自然科学の域に達することを目指してきた。そして、今日、コンピュータの利用、

調査技術の洗練化、統計的方法の発達によって、その最高段階に到達しつつあるといわれる。けれども、自然科学と同じように、機械のアナロジーでもって社会現象を量的に把握し、その因果関係を明らかにするやり方は、人間を「モノ」と区別せず、逆に「モノ」として取り扱ってしまうことになる。それは人が恋に落ちることと物体が落ちることとの違いが問われないものとなってしまっている。

しかし、ギデンズが述べるように、そのことは「社会科学におけるニュートンのような人をいまだ待ち望む人たちは単に到着しない列車を待っているだけではなく、全く見当違いの駅で待っている」(ギデンズ、松尾精文ほか訳『社会学の新しい方法規準』第二版、而立書房、二〇〇〇〔原著一九九三〕)ことになる。そして、自然科学的な因果関係や統計的相関の解明、また、機械論的説明では人間固有の意味の問題を無視するか、誤って理解してしまうことになる。

人間の理解において、自然科学的、機械論的見方によって意味、主観、意識などの内的世界を無視することは、人間の特質を見ないことになり、人間行為と人間社会の理解が不十分なままに止まることになる。人間行為と人間社会を十分に理解するためには、人々の意味、主観、意識の果たす役割を重視し、人間の内的世界の解明が行われなければならない。

※近代科学の特性

ドイツのフランクフルト学派[※]の哲学者M・ホルクハイマー（Horkheimer, 1895-1973）とTh・アドルノ（Adorno, 1903-69）によれば、近代科学はその発展途上で意味というものの取り扱いを断念し、それによって、人間固有の問題を見過ごすか、歪めてとらえるようになってしまった（ホルクハイマー、アドルノ、徳永恂訳『啓蒙の弁証法』岩波文庫、二〇〇七〈原著一九四七〉）。近代科学は、本来、魔術からの解放を行うものであり、神話を解体し、知によって空想の権威を失墜させ、人々を野蛮から文明へと導くはずのものであった。しかし、今日、魔術からの解放を行うはずの理性が再び魔術となり、啓蒙によって人々は野蛮状態に陥ってしまっている。つまり、科学・技術の発展が人類の繁栄ではなく、その消滅に向かわせるようになっている。

一体、なぜ人類は新しい野蛮状態に落ち込んでしまうのだろうか。ホルクハイマーたちによれば、それは啓蒙が自然支配を目指す道具的理性に基づくものとなっているからである。人類は啓蒙によって文明を獲得し、野蛮を克服し、科学・技術による自然の支配を行おうとした。しかも、その方法を人間関係にも適用し、人間の合理的支配を目指すものとなった。しかし、その合理性は技術的、形式合理性となり、人間を疎外・物象化させてしまった。理性は自然支配の手段としての道具的理性となり、知の技術的合理化を生み出している。人間の自然支配は、逆に、人間の自然への隷属、客体への転落を引き起こしてしまった。

※フランクフルト学派
ドイツのフランクフルト研究所に参加した哲学者や科学者の集団を指す。マルクス主義、精神分析学、アメリカ社会学の影響のもと、批判理論を展開している。

ベックによると、自然科学の合理性の核心である因果関係の厳密な証明を要求することは、「リスク」を取り組む際には、根本的にふさわしくないことである。そのことは、科学が「リスク」を過小評価したり、否定したり、それが不可避であると主張するように、「リスク」に対して科学がいかにひどい認識の誤りを犯しているのかに表れている（ベック、東廉、伊藤美登里訳、前出、一九九八〔原著一九八六〕）。その結果、「リスク」に対して科学の合理性が機能しないものとなってしまい、科学的合理性に対する信用が多くの分野において失われてきている。人々が科学者のいうことをそのまま信じるわけにはいかないようにもなってしまっている。

このようなことから、「リスク」を真に克服するためには「合理性」の見直しを行わなければならない。「内省的近代化」は合理性の刷新を行い、近代合理性、そして、近代科学からの脱出を図るべきものとなる。そして、人間を「モノ」ではなくて「ヒト」として、つまり、意味・内的世界をもつ存在としてとらえる必要性が出てくる。ここから、これからの社会学は意味・内的世界を明らかにすべきことになる。人間の意味・内的世界の積極性、創造性をより詳しく解明することが、二一世紀の社会学の重要な課題となる。

三　意味・内的世界の解明

※意味・内的世界

二〇世紀、とりわけ、その後半を「モノ」の世界の時代、つまり、生産中心の高度成長・物質主義の時代であるとするならば、二一世紀は「ココロ」の時代、内的世界の時代、意味の追求の時代であるといえる。機能的な効率性や合理性を求めるような、これまでの「モノ」の社会から、意味を重視し、個性や差異を尊重する「ココロ」の社会への転換がなされなければならない。したがって、人間の意味・内的世界のあり方とその解明が、これからの社会と社会学のあり方を大きく左右することになる。

社会学においては、今日、意味・内的世界の問題がクローズ・アップされてきている。現象学的社会学はリアリティを個人から独立した客観的実在ではなく、人々が作り上げた意味の世界であるとしている。また、シンボリック相互作用論は人間が事物や事象それ自体というよりも、事物や事象に対して付与する意味に基づいて行為すると考えており、エスノメソドロジーは日常的出来事について社会の成員がもつ知識を体系的に研究すべきであると主張している。いずれも人間の主観的世界を最大限に尊重し、物事や事象、また、行為が何を意味しているのかを明らかにしようとしている。そのことを通じて人間の行為による社会の形成、そして、社会のダイナミックな変化・変動を解明することが目指されるようになる。

※意味・内的世界の解明

二一世紀の社会学においては、まず、意味・内的世界の社会性を解明する必要がある。意味・内的世界はそれ自体で存在したり、個人が恣意的に作り出すものではなく、他者との関係において社会的に形成されるものである。したがって、意味・内的世界が社会的に生み出される過程をまず明らかにしなければならない。ついで、意味・内的世界の変容や新たな生成を解明する必要がある。つまり、意味・内的世界の固定性や規範性のみだけではなく、意味・内的世界の形成や変容、すなわち、「創発」(emergence)を解明すべきことになる。「創発」とは既成の意味・内的世界が変容され、新たなものが現れてくることを意味する。それは人間の「内省」から生み出されることから、「創発的内省」(emergent reflexivity)と呼ぶことができる。このような「創発的内省」によって自分自身が新しく生まれ変わると同時に、他者や社会も変わりうるようになる。

人間の意味・内的世界の創発的なあり方は、H・ブルーマー※(Blumer, 1900-87)において、「自分自身との相互作用」(self interaction)過程として解明されている(ブルーマー、後藤将之訳『シンボリック相互作用論』勁草書房、一九九一〔原著一九六九〕)。「自

「自分自身との相互作用」(self interaction)

「表示」(indication)＝意味を具体的に示す過程
「解釈」(interpretation)＝表示された意味を取り扱う過程

↓

意味の修正・変更・再構成，新たなものの創出

1-2 「自分自身との相互作用」

※ブルーマー(Herbert G. Blumer)(一九〇〇–八七) アメリカの社会学者。シンボリック相互作用論の命名者であり、そのリーダー的存在である。人間が自我をもつことから「自分自身との相互作用」を展開し、社会の変化・変容を引き起こすようになることを明らかにしている。主著に『映画と行為』(一九三三)、『シンボリック相互作用論』(一九六九)、『ジョージ・ハーバート・ミードと人間行為』(二〇〇四)などがある。

分自身との相互作用」は他者との社会的相互作用の内在化によって生み出されるが、それは社会的相互作用と同一ではなく、そこに新しいものが創発されてくるものである。「自分自身との相互作用」には二つの過程がある。それは意味・内的世界を具体的に示す「表示」(indication)と表示されたものを自己の置かれた立場や行為の方向に照らして取り扱う「解釈」(interpretation)の過程である。

意味・内的世界は「解釈」によって修正・変更・再構成され、新たなものが生み出されてくるようになる。「自分自身との相互作用」の展開によって「問題的状況」が克服され、これまでとは異なる社会の形成がなされるようになる。人間は自己を「内省」し、内的世界の展開を通じて、新たな世界を創発することができる。人々は現実を認識し、それに意味を付与し、自らの位置や行為の方向に照らして解釈し、それを変更し、再構成するようになる［1‐2］。

四　「リスク社会」の乗り越え

※「新しい合理性」

今日の「リスク社会」は、「自分自身との相互作用」によって乗り越えられる。「自分自身との相互作用」は人間が自己を内省し、そこにおいて、新たなものが生み出されることから、「創発的内省」にあたっている。そして、「創発的内省」による「リスク」の乗り越えは、「新しい合理性」の道を踏み出すことによって成し遂げられるようになる。

J・ハーバーマス※（Habermas, 1929- ）によると、合理性には二つあり、「目的合理性」と「コミュニケーション合理性」がある（ハーバーマス、河上倫逸ほか訳『コミュニケイション的行為の理論』未來社、一九八五－八七〔原著一九八一〕）。前者は「モノ」の合理性を表し、自然支配的な道具的合理性を指している。それは目的に対する手段の合理性を表し、産業や生産中心の経済効率の合理性を意味する。そのような合理性が人間と人間の関係を色付け、「リスク社会」を生み出す原因ともなっている。

後者は「ヒト」と「ヒト」との間の合理性を意味し、「人々が共通の状況規定に基づき、相互の理解と合意が形成され、行為の調整が行われ、相互に一致した目的を達成しうる合理性」（ハーバーマス、前出、一九八五－八七〔原著一九八一〕）を表している。「コミュニケーション合理性」は「ヒト」と「ヒト」と間のコミュニケーションを通じて獲得されるようになる。このような人間同士のヨコのつながりの「コミュニケーション合理性」である「新しい合理性」を、これからは広範に実現していくことが必要となる。

「新しい合理性」は、障がい者、被災者、高齢者などの弱者やマイノリティへの支援など、他者に目を向けた活動において具体的に展開されるとともに、自分に向けた活動においても展開され、他者との間に自己の存在価値を見出し、そこに、新しい自分を発見しうるものとなっている。そして、「新しい合理性」はどこでも当てはまるような普遍的なコンセンサスを求めるのではなく、例外や少数ケースも認めるローカルな合理性でもある。しかも、それは固定した堅い合理性ではなく、やわらかい合理性でもあり、状況に対して柔軟に対処しう

※**ハーバーマス**
(Jürgen Habermas)
（一九二九－ ）
ドイツの社会学者。フランクフルト学派の第二世代であり、社会学理論、現代社会論、コミュニケーション論の代表的研究者である。著書に『公共性の構造転換』（一九六二）、『コミュニケイション的行為の理論』（一九八一）、『近代の哲学的ディスクルス』（一九八五）、『近代―未完のプロジェクト』（一九九〇）などがある。

「内省」による「リスク」の乗り越え

⬇⬇

「新しい合理性」の創出，「親密性」の再構成

⬇⬇

「ヒト」と「ヒト」との「コミュニケーション合理性」

「新しい親密性」

「コミュニケーション合理性」＝行為者たちが共通の状況規定に基づき，相互の理解と合意が形成され，行為の調整がなされ，相互に一致した目的を達成しうる合理性.
「新しい親密性」＝人々の行為が一人ひとりの意志と責任により，各自の自主性が尊重され，互いの個性や異質性を認める多様性からなり，緩やかな人間関係における親密性.

1-3 「リスク社会」の乗り越え

るものとなっている。このような「コミュニケーション合理性」に基づき、新たな社会の形成が目指されることになる［1-3］

※親密性の再構成

人間の自我は、C・H・クーリー※（Cooley, 1864-1929）によれば、家族、子供の遊び仲間の集団、大人の近隣集団や地域集団などの第一次集団（primary group）において形成される（クーリー、大橋幸、菊池美代志訳『社会組織論』青木書店、一九七〇〔原著一九〇九〕）。第一次集団とはフェイス・トゥ・フェイス（face-to-face）な親密な結びつきと協同によって特徴づけられ、人間の社会性と愛や正義などの第一次的理想を形成するうえで基本的なものである。人間はそこにおける親密な関係において自我を形成するようになる。

ところが、今日、このような第一次集団において人々の自我の形成に歪みが生じている。第一次集団の親密な関係において、人々は「本当の自分」ではなく、「うその自分」

※クーリー
(Charles Horton Cooley)

（一八六四―一九二九）

アメリカの社会学者。自我、集団、社会組織、社会過程の研究者であり、「第一次集団」や「鏡に映った自我」の概念で有名である。『人間性と社会秩序』（一九〇二）、『社会組織論』（一九〇九）、『社会過程』（一九一八）の三部作がある。

を示すことが多くなっている。つまり、そこでは親密性を維持するために相手に合わせて自己を演じることが必要になっている。人々は親密な関係においても印象操作や感情操作を行い、自分を装わざるをえなくなってきている。

このような状況を克服するためには親密性の再構成が必要とされる。それは権力など経済外的強制や貧困などの経済的依存関係によって生み出される親密性や、また、私的領域に限定された近代家族の親密性を再現することではない。親密性は自然発生的な生理学的、生物学的な親密性から、自己意識的、自己内省的な「新しい親密性」となる必要がある。そして、「新しい親密性」は私的領域のみならず、公的領域においても存在し、そこにおいて人々の温かいつながりが生み出され、一体感や連帯感が形成されるようになる。そこでは、人々の自主性が尊重され、互いの個性や異質性が認められ、緩やかな人間関係における親密性が存在するものとなっている。

❊グローバル化・情報化と親密性

二一世紀社会においては、親密性がグローバル化・情報化によって第一次集団の枠を越えて拡大される。人々がかかわる他者は身近な他者を越えて国際社会にまで広げられ、物理的近接性を越えた、広範囲な親密性が生み出されるようになる。けれどもまた、グローバル化によって社会的な軋轢や国家間の経済的、政治的な関係の悪化が生じたり、情報化によって目の前の人との直接的関係を希薄化され、さらには、感情的に相手を激しく攻撃する「フレーミング」や「ネット・ハラスメント」が起こりうるようになる。そこから、親密性が歪められてしまうおそれも存している。

このような事態を回避するためには、グローバル化において画一化、一元化、同化が求められるのではなく、個別なもの、特殊なものが尊重され、多様化が押し進められるとともに、全体としてのつながりを維持・発展させていくことが必要である。また、情報化において「モノ」の情報化ではなく、「ヒト」と「ヒト」の情報化として展開され、情報伝達の効率性よりも、意味の共有性が重視されるべきものとなる。そこにおいて、「新しい合理性」である「コミュニケーション合理性」に基づき、人々の間に温かいふれあいが生じ、相互理解や助け合いの精神が生まれ、そこから、新しい自分を形成できる親密性の展開が期待できるようになる。

Q&A

Q

「リスク社会」とはどのような社会のことであり、その克服はどのようにしてなされるのだろうか。

A

「リスク社会」とは、ベックによると、原発事故、自然破壊、環境汚染などの「リスク」が過度に拡大された社会のことである。「リスク社会」では「リスク」がグローバル化されるとともに、平等化され、貧しき者も富める者も、すべて「リスク」を経験するようになる。

けれども、このような「リスク」は「内省」を通じて乗り越えられる。人間は「内省」によって自己を振り返り、状況を検討し、それを修正・変更・再構成し、新たなものを生み出すことができるようになる。

そして、このような「内省」を通じて「コミュニケーション合理性」が展開されるようになる。「コミュニケーション合理性」の展開から、「新しい親密性」が生み出される。「新しい親密性」は私的領域のみならず、公的領域においても存在し、そこにおいて、人々の温かいつながりが生み出され、一体感や連帯感が形成されるようになる。

ブック・ガイド

U・ベック、東廉、伊藤美登里訳『危険社会』法政大学出版局、一九九八（原著一九八六）。

「リスク」社会についての本格的研究書である。「リスク」の特質、その原因となる近代社会のしくみ、「リスク」の拡大がもたらす社会構造の変化、「内省」による克服について詳細な検討がなされている。

U・ベック、A・ギデンズ、S・ラッシュ、松尾精文ほか訳『再帰的近代化』而立書房、一九九七（原著一九九四）。

近代の乗り越えを可能にする「内省」に関して、個人レベルと集団的レベルの「内省」、認知的「内省」と美的「内省」、専門家と非専門家による「内省」について活発な議論が展開されている。

A・ギデンズ、松尾精文、小幡正敏訳『近代とはいかなる時代か』而立書房、一九九三（原著一九九〇）。

近代が「リスク」のジャガーノート状態となっていることが論じられ、その乗り越えが「内省」によってなされることが主張されている。近代の帰結とその乗り越えを知るうえで格好の書となっている。

J・ハーバーマス、河上倫逸ほか訳『コミュニケイション的行為の理論』（上、中、下）、未來社、一九八五－八七（原著一九八一）。

これまでの哲学や社会科学の理論を批判的に検討し、そこから現代社会に関する独自の理論として、コミュニケーション合理性論とコミュニケーション行為論が新たに展開されている。

第二章　自己と社会
――社会学的自己論から現代社会へのアプローチ

一　自己とはどのようなものか

※言葉を操る作用としての自己

「あなたは何者ですか？」という問いを思い浮かべてみよう。「大学生」「男」「青年」「～県民」「長女」「鈴木一男」「ヒト」「日本人」「のんびりや」など、実にさまざまな回答が考えられる。われわれは、社会生活上のさまざまな場面でこれらのひとつか、複数を用いて、「私」を理解したり説明したりするが、よく考えると、これらの一つひとつは社会で流通する分類上の一項目を表す言葉であって、それ自体が唯一固有なものとはいえない。われわれがしばしば固有だと感じている「私」は、実はそうした言葉の寄せ集めにすぎないともいえるかもしれない。

「自己」は、ひとつには、たとえば「あなたは何者ですか？」の答えとして挙げられるような、さまざまな言葉やイメージのことを指す。しかし、もうひとつには、そうした言葉やイメージを操って、使い分けたり、まとめたりする作用のことも指す。本章では、主に後者の意味を重視しながら、これまでの社会学的自己論がどのようにして「自己」を論じてきたのかを概観することにしよう。

二　G・H・ミードの「自己」

※内省的思考によって問題を解決する自己

自己を、世界の成り立ちを説明するための哲学的ポジションとして探求する歴史は古いが、われわれ人間が社会生活を営む中で経験するものとして自己がとらえられるようになったのは比較的新しく、一九世紀末から二〇世紀初めのことである。代表的な人物には、W・ジェームズ（James, 1842-1910）やC・H・クーリー（Cooley, 1864-1929）がいるが、彼らの自己論を発展させたのはG・H・ミード（Mead, 1863-1931）である（船津衛『ミード自我論の研究』恒星社厚生閣、一九八九）。

ミードがもっていたベーシックな関心は、人間が他の種と異なってもっている資性はどこに求められるか、という関心であった。この問いに答える鍵は、人間が反応を抑制して遅延できる点にある、とミードは考えた。人間の場合、何か外的な刺激を受けた場合、即座に外的反応を起こすのではなく、外的反応をいったん抑制して、その刺激に対する反応を内的にあれこれと試演することができる。これは、たとえば、「あの人が私にこうした。ということは、私はこう反応すればよいのだろうか。もし、そのように反応したら、相手は…」という思考をめぐらすことができる、ということである。ここでは他者の視点にたって刺激を自分自身に対して指示し（「あの人が私にこうした」）、それに対する反応を（実際に行ってしまう前に）あれこれと試している。ミードはこうした反応の仕方を「自己」意識的な反応と呼んで、自己の基本的性質を「それ自身を対象としてもつ」点に求めた。

人間が自己意識的反応を行うことで、どのような利点がもたらされるのだろうか。それは、複数の視点が入り乱れたり対立したりする情況の中で、集団にとっての問題解決をもたらすひとつの反応を導けるかもしれない、という点にある。集団Aはこのように不満を感じている、集団Bから見るとこのような期待が向けられている…、などと思考をめぐらすことで、それらすべての集団にとっての問題点を見出し、解決をもたらす行為が生まれるかもしれない。これは「自己」をもつようになった人間の資性[※]があって初めて可能になることだといえる。

このようにして見ると、ミードの「自己」は、対立や葛藤を操ってひとつの反応を導くように束ねる自己として特徴づけられるだろう。ミードが活躍した二〇世紀初頭のシカゴは、すさまじいペースで移民が流入し、移民同士の利害対立を含んださまざまな問題が勃発していた。ミードは、そうした困難を解決していけるだけの資性が人間には備わっている、と考えたのである。もちろん、ミードの関心は移民問題だけにあったのではないが、彼の生きたシカゴの情況が、彼の自己論に影響を与えたと考えることはできる。

われわれは、ミードの生きたシカゴとは異なった社会情況に生きている。しかし、それでも、ミードの「自己」は、われわれが日常的に問題解決を行うプロセスの中に容易に観察できるものである。たとえば、自分が所属する複数の集団から対立する期待を投げかけられて葛藤する場合、われわれがまず行うことは、それらの集団の立場に対してよく耳を傾けるという

※人間の資性
『一九世紀の思想動向』では、人間の資性が充分に発揮されるようになったのは近代社会になってからだということが論じられている（ミード、河村望、近藤敏夫監訳『一九世紀の思想動向』（上・下）いなほ書房、一九九二（原著一九三六））。

ことである。そうして、それぞれの集団の視点に立ち、反応を試演し、それらの集団の視点をより明確に把握しようとする一連の思考プロセスを経て、情況を打開する行為を選択できることは多い。ミードの自己論に色濃く表れたのは、そのような内省的思考によって問題を解決する自己の側面であったといえる。

三　E・ゴッフマンの「自己」

※相互行為上の状況的自己

しかし、ミード自己論に表れていた問題解決的な側面だけが、われわれが生きる自己を言い表しているかというと、そうとはいえないだろう。その後の社会学では、ミードの「自己」では言い表せない側面が指摘されるようになってゆく。そのひとつといわれるが、E・ゴッフマン（Goffman, 1922-82）の相互行為※論に表れる自己である。

ゴッフマンの「自己」について考えるために、ある学生の体験を例として挙げよう。その学生は、ホテルで宴会の配膳のアルバイトをしていた。その仕事内容は、主にお客に料理を運んだり、テーブルの皿を下げたり、バーカウンターで飲み物を作ったり、次の日の宴会設置を手伝ったりすることだった。あるとき、ひとりの客がタバコの自動販売機がどこにあるかとその学生に尋ねてきた。彼女はすかさず、こう答えた。「一階ロビーにあるタバコ自動販売機で買って参りましょうか？」。

※相互行為

「インタラクション（inter-action）」の訳語としては、「相互作用」と「相互行為」とが用いられている。両者とも、複数の主体による「アクション（action）」と「リアクション（reaction）」とからなる連鎖のことを指す。ここで「主体」というのは、個人のことを指す場合もあるし、（特に「相互作用」の場合には）集団のことを指す場合もある。要するに、個人間あるいは集団間のやりとりを指す基礎的な概念である。

この反応を選択した時点で、学生はある特徴的な自己をもち、同時に相手に対してもそれを晒したと考えることができる。その特徴はどの点にあるだろうか。もし、客の質問を言葉のうえで考えるならば、「自動販売機は一階にあります」と答えれば充分だったはずである。さらにいえば、そもそも学生の仕事は配膳だから、客が別の従業員に尋ねるべきだと伝えることも考えられる。しかし、彼女は、「一階ロビーにあるタバコ自動販売機で買って参りましょうか？」と答えることで、自分の本来の役割をその場に合わせて変えているし、また、客の質問から言葉上だけで考えられる以上の反応をしている。

この反応によって、次の二つのことがもたらされる。第一に、もし、この学生が、客が別の従業員に尋ねるべきだと伝えたとすると、客は「見当違いのことを尋ねてしまった人物」だということになる。客は気まずく感じるかもしれないし、恥をかいたと思うかもしれない。学生の反応は、そのようになることから客を救い出している。第二に、「一階ロビーにあるタバコ自動販売機で買って参りましょうか？」と彼女がすかさずいえば、おそらくほとんどの客は「そう?、じゃ、頼もうかな」と答えるだろう。そのようにして二人の相互行為はスムーズに、快適に進行する。したがって、この学生が「すかさず」反応するほど、彼女は「気の利いた反応ができる人物」として株を上げることになる。

この例にあるように、ゴッフマンの「自己」は相互行為上で現れるものとしてとらえられている。それは、ゴッフマン自身の言葉を借りれば、「状況を判断して相互行為上の手をうつプレーヤーとしての自己」（ゴッフマン、浅野敏夫訳『儀礼としての相互行為―対面行動の社会学』法政大学出版局、二〇〇二〔原著一九六七〕）である。ミードの「自己」が、複数の視点を操って束ねてゆくところに特徴があるのに対して、ゴッフマンの「自己」は、その場その場の状況をいかにうまくやりおおせるかに関わっている。スムーズに相互行為が運ぶことで行為者の自己は護られるし、逆に、スムーズに相互行為が運ばなければ行為者の自己は傷つけられる。いずれの場合にしても、行為者の自己は、相手の反応次第という意味で、個人の手の内にあるというよりも、むしろ状況に存するということができる。この点でゴッフマンの「自己」は状況的な自己として特徴づけられる。

四　ポストモダンの「自己」

❊分裂的で断片的な自己

K・ガーゲン（Gergen, 1935- ）は、一九九一年に発表した著書『飽和した自己（The Saturated Self）』の冒頭で、現代社会の中で生きるガーゲン自身の自己を次のように描いている。

ある日、ガーゲンが二日間の学術会議からオフィスに帰ってくると、急ぎのスペインからのFAXが机の上に乗っていて、一カ月期限に遅れている論文の原稿について、急ぎ問い合わせていた。ガーゲンが回答を考えていると、学生がやってきて議論をふっかけてきた。すると、秘書が電話メッセージと手紙との束をもってきた。学生と議論を続けようとしていると、今度は、元同僚や旧友から今度会えないかといった電話がかかってきた。午前中が終わるころには彼は疲れきってしまっていた。

この例が示すのは、われわれがさまざまな関係——フェイス・トゥ・フェイスなものから、さまざまなメディアによるものまで——を、ほぼ同時にもつようになった、ということである。したがって、われわれはそれらの関係の数だけの自己を多元的にもつことになる。かつては関係をもつことなど考えられなかった他者とも関係をもつことができるという点では、これはよいことなのかもしれない。しかし、先の例で重要なもうひとつの点は、すべての関係において、ガーゲンの側から関係するというよりは、むしろ関係に巻き込まれているという点である。したがって、複数の自己を操ったり束ねたりするというよりは、むしろ、さまざまな関係がガーゲンに次々と迫ってくるために、ガーゲンの側では自己が一種の「飽和」状態になってしまうことになる。

ガーゲンの自己論は、一般に「ポストモダン自己論」[※]と呼ばれるものの例として位置づけられる（片桐雅隆『自己と「語り」の社会学―構築主義的展開』世界思想社、二〇〇〇）。ポストモダン自己論は、近代以降の社会が遂げる変化を特徴づけ、それに対応して人々の自己も変化しているはずだと考える。具体的には、社会の変化をどのように特徴づけるかによって異なっているけれども、一般的には、一貫性や中心性を欠いた、分裂的で断片的な側面が強調される。これは、対立や葛藤を操って束ねるミードの自己論とは、対極的なイメージを

※ポストモダン（postmodern）
もともとは建築用語であり、C・ジェンクス（Jencks, 1939- ）が近代建築を乗り越えるスタイルとして提唱した言葉である。この言葉は、やがて建築だけでなく、文学やファッション、社会思想などさまざまな分野に広がり、何らかの意味で近代的な性質からの乗り越えや変化を示す言葉として用いられている。

提供しているといえるだろう。

五　現代社会と自己

※病いを物語る自己を例に

社会学的自己論は、ミードの「自己」から出発して、ゴッフマンの状況的「自己」、脱中心的な性格が強調されるポストモダンの「自己」といったさまざまなタイプの自己を提出してきた。これらは、人々が経験する自己のある側面をえぐり出したといえるが、人々が直面する具体的な社会情況に応じて、自己のあり方は微妙に変化し、それらのうちどれかに近い特徴を強く見せるようになるかもしれない。

たとえば本書の第十三章で述べる、セルフヘルプ・グループ※の仲間たちと病いの物語※を産むことについて、自己という観点から考えてみよう。病いは、しばしば考えたこともなかったような形で自己イメージを変更せざるをえない経験である。パーキンソン病の場合がそうであるように、近代医療はしばしば人々の助けになるものの、問題を無くしてしまうわけではなく、むしろ、どのような形で医療の助けを活かしながら、しかし、それに頼り切るのでもなく生きていくかという課題を病いの当事者たちに突きつける。そこでは、病いを生きる人の自己のあり方も、それ以前と異なったところが出てくるかもしれない。

そうした中で、セルフヘルプ・グループにおいて物語を語る人は、「物語」という形で自分

※セルフヘルプ・グループ（self-help group）
何らかの問題を抱えていると考える人同士が形成する集団。「自助グループ」と訳されることも多い。不足しがちな情報を交換したり、同じ問題をもつ人の姿に勇気づけられたり、他の参加者を援助する体験を得て自信をつけたり、あるいは、体験を語り合って共感し生きる力を得たりする場となる。

※物語
一般的に「物語」としてイメージしやすいのは、散文によって架空の出来事を綴る文学的文章であるが、現在の社会学ではこの言葉は広い意味で用いられるようになり、社会的ないし心理的な形成物としてとらえられている。たとえば、悩んだときに何かの成

自身に統一的な自己イメージを示していると考えられる。物語を語ることによって、その人は過去から現在に至るひとつの流れのもとに自分自身をとらえ、それに基づいて未来の行為や今後の生きる方向性を選択しようとする。混乱の中で自己を再構成して問題解決をはかる点では、病いを物語る自己は、本章で紹介したミードの「自己」に近いかもしれない。

ただし、そこには、ミードの「自己」には含まれない側面も認められる。病いの物語は聞き手との間に成立するものだから、あくまでもその都度の暫定的なものであり、相手によって、あるいは時がたって異なった状況になれば物語も異なったものになっていく可能性がある。たとえば、第十三章で例を挙げる「病いを笑う語り」は、誰にでも受け入れられるものではないかもしれない。人によっては、「こんなにつらい病気なのに茶化しているみたいで嫌だ」と思うかもしれない。そのため、セルフヘルプ・グループにおいて十分共感を得られそうだと見当をつけた人たちを選択的に聞き手とすることで、病いを笑って生きる自分自身を語りやすくなると考えられる。

また、物語が時間とともに変わった方がむしろよい場合も考えられる。たとえば、難病のある人が、段差の多い家屋の中で過ごさざるをえないとき、「段差のある家の中で動くこと自体が一種の『リハビリ』だと思って、頑張って生きている」という物語を語ることが、その人を前向きな気持ちにさせるかもしれない。しかし、病気が進行すれば、むしろ「公的な補助を使って、家をバリアフリーにして、無理せず生きている」という物語の方が、その人にとって生きやすいかもしれない。このように、病いを物語る自己には、聞き手がそれぞれの物語

長物語の主人公に自分自身をなぞらえて乗り切ろうとするケースは、物語によって自分を理解する典型的な例である。

を認めてくれる範囲の中で、自分自身がより生きやすいように柔軟に変化していける側面も組み込まれている。それは、ゴッフマンの状況的「自己」やポストモダンの「自己」と同じではないが、聞き手の反応による点や、流動的で一貫性を必ずしも重んじない点には、それらの自己に通じる部分も見出せる。

このようにして見ると、われわれの社会で発生するさまざまな場面において現れる自己は、本章で紹介したいくつかの特徴的な自己と共通点や相違点をもったものとして理解できることがわかる。二一世紀社会においては、どのような場面において、どのような自己が現れるのか観察し、特徴づけることが重要になるだろう。

Q&A

Q

「自己」というのは個人の内にあるものだから、「社会」とはあまり関係がないように思えるが、それは社会学の対象になるのだろうか。

A

確かに、「自己」は個人の心の中にあるというイメージでとらえられやすいかもしれない。しかし、社会学はそれをあくまでも社会との関係においてとらえる。G・H・ミードは、対立や葛藤などが生じる状況において他の人や集団の視点から自分自身をながめ、それに応えるというコミュニケーション的なプロセスとして自己をとらえている。こうしたプロセスは、日常的には個人の内側だけで遂行されることもあるだろうが、それでも解決がつかないような場合、たとえば、セルフヘルプ・グループでの語りのように、目に見える相手との言語的コミュニケーションをとることもある。

また、変化する社会の中で、われわれの自己のあり方が影響を受け、微妙な変化を見せる可能性もある。たとえば、消費がさかんになる社会では「この商品で（他の人や過去の自分とは）ちがう自分になろう」という個性的自己の感覚が強まり（あるいは広告によって強められ）、またそれに基づいて購買行動が活発になることで、社会において消費がますます重要な要素になると考えられる。このように考えると、自己はすぐれて社会的なものといえる。

ブック・ガイド

浅野智彦『「若者」とは誰か―アイデンティティの三〇年』河出書房新社、二〇一三。

なぜ若者のアイデンティティの語られ方が変化するのか（あるいは、同じ語られ方が繰り返されるのか）を軸に、現代社会における自己の特徴に迫っている。

伊藤智樹『セルフヘルプ・グループの自己物語論―アルコホリズムと死別体験を例に』ハーベスト社、二〇〇九。

セルフヘルプ・グループを自己物語構成の場としてとらえる書。アルコール依存者や死別体験者がセルフヘルプ・グループにおいて、どのように自己を語り、それを変化させていくのかが詳細に分析されている。

E・ゴッフマン、石黒毅訳『行為と演技―日常生活における自己呈示』誠信書房、一九七四（原著一九五六）。

日常生活を舞台、パフォーマー、オーディエンスからなる演劇的な場に見たて、その中で人々が講じるさまざまな演出的戦略とその結果を分析している。本章で紹介した状況的自己が、おおよそどのようなものか理解しやすいだろう。

G・H・ミード、稲葉三千男ほか訳『精神・自我・社会』青木書店、一九七三（原著一九三四）。

種の進化、中世から近代にいたる人間社会の歴史、そして人間の個体発生という三つの水準で、コミュニケーションから自己が発生していく過程を論述しようとした壮大な社会学の構想が論じられた古典。

第三章　社会を分析するツールとしての社会地図
──都市空間の社会学

一　社会地図と都市の空間構造

✳社会調査としての地図づくり

一九世紀後半、一八五〇年からの四〇年間で、約三万人の人口が一〇〇万人を超すまでに急成長した都市がある。五大湖からミシシッピ川につながる水運の結節点であり、一八五〇年代に建設された大陸横断鉄道の結節点であったシカゴがそれである。四〇年間に三〇倍以上の人口増加があったということは、出生と死亡の差による増加、すなわち、自然増加だけでは説明がつかない。社会増加、すなわち他の地域からの人々の流入が流出をはるかに凌ぐ規模で起きていたことを示している。一八九〇年当時、シカゴの人口の約八〇％は外国生まれであるか、あるいは、その子孫であったといわれていることから、大量の外国人がシカゴに押し寄せていたことになる。

シカゴ生まれのシカゴ育ちという人々と、アメリカ国内の各地から流入してきた人々、そして、それらを数的に凌駕する、生活習慣も母国語も異なる大量の移民たちとが、シカゴという限られた都市空間の中でビジネスチャンスを求め、また自らが生活する空間を求めて互いに競い合う社会。これが、その後二〇世紀まで続く、シカゴという都市社会の姿であったといえよう。

ある人は都心を囲む工場地帯に職場を求め、通勤にかかる時間的・経済的負担を最小限に抑えるために、工場地帯のすぐ外側に生活の場を求めた。また、ある人は、都心の中心業務地区（CBD：Central Business District）にあるオフィス街で働き、週末には友人を招いてバーベキューができるような庭付きの比較的広い住宅を手に入れた。

そのような個々の住民たちの日常生活の営みによって、シカゴという都市社会は日々作り変えられていく。変化の方向とその要因を明らかにし、都市社会で暮らすということを理解するためには、まず、眼前に広がる都市社会のどこで何が起こっているかを可視化する必要があり、なぜ、そのような社会現象が生じているかを考察することが望まれた。

社会調査は、まず、都市に見出される、地図上に点や線や面で描くことができるような、あらゆるデータを地図に書き込んでみることから開始された。蓄積された膨大な量の地図は、一見すると無手勝流に見える個々の人々の行動の軌跡は、社会全体を俯瞰し、その集積として眺めるならば、ある一定のパターンを示すことを教えてくれた。［3-1］に示したE・W・バージェス※（Burgess, 1886-1966）の同心円仮説は、こうして生み出されたのである。

その後、同心円仮説を修正し、さらに発展させる仮説として、セクター仮説がH・ホイト（Hoyt,1895-1984）によって提示された。都市の発展に伴い、特定の土地利用は次第に郊外に向かって拡大する。ただし、すべての方向に拡大するのではなく、社会・文化的要因に基

※バージェス
（Ernest Watson Burgess）
（一八八六－一九六六）
アメリカの社会学者。シカゴ学派の中心人物のひとり。バージェスの研究は、社会学理論、人間生態学、結婚・家族、犯罪、社会調査、社会事業などきわめて多岐にわたる。同心円仮説は地域構造研究の出発点をなし、セクター仮説や多核心仮説などの展開を促した。パークとの共著『社会学という科学への入門』（一九二一）、ロックとの共著『家族―制度から友愛へ』（一九四五）など先駆的な業績を残した。

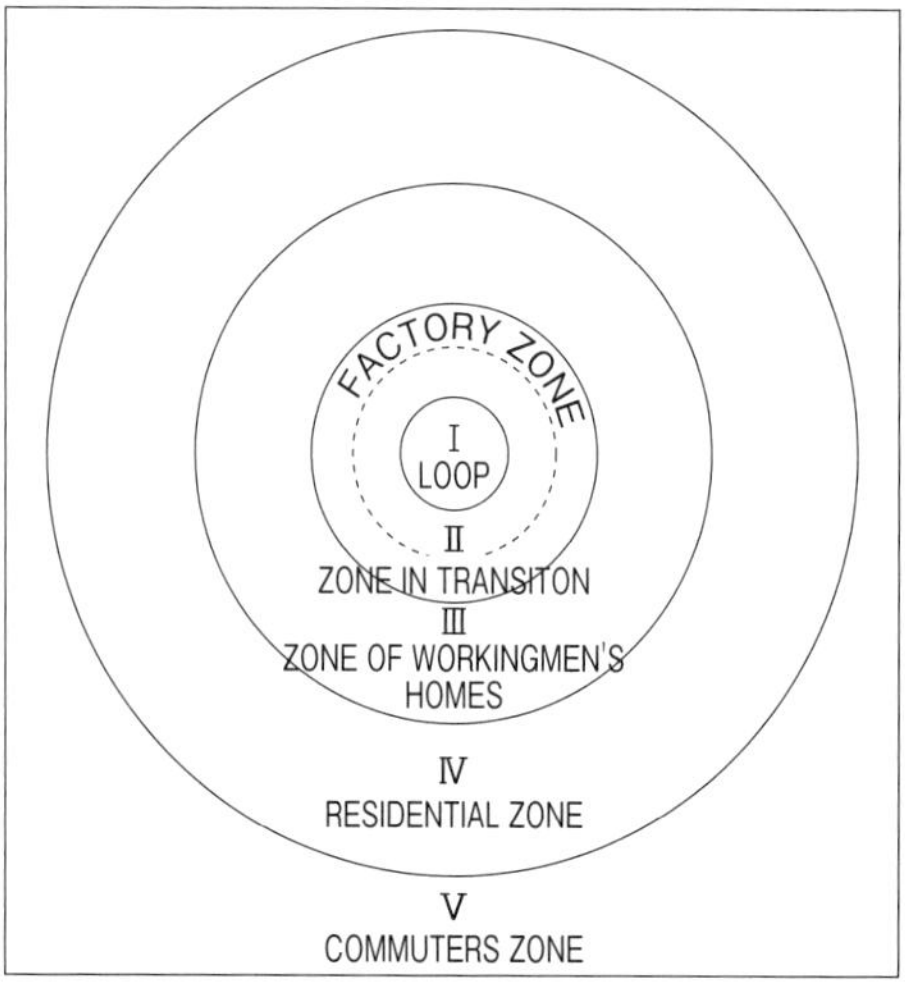

出 典：Park and Burgess, *The City*, The University of Chicago Press, ［1925］ 1984, p.51.

3-1　同心円仮説

づいて、一定の方向性をもって拡大する。ホイトはこれをアメリカの一四三の都市の不動産原簿の時系列的分析に基づいて創案したのである（Hoyt, H., *The Structure and Growth of Residential Neighbourhoods in American Cities*, Federal Housing Administration, 1939）。

※社会地区分析

都市に見出される、地図として描画可能なあらゆるデータを地図化するという作業は、データの収集と分析結果の表現方法に研究者の創意工夫が活かせるという利点をもつものの、データ活用の方法が恣意的であるという批判もまた甘受せざるを得ないことが多い。いつ、どこで、誰が行っても同じ結果を得ることができる、すなわち、信頼性の高い結果を得るためには、標準化された手法が必要である。国勢調査のデータを統計的に分析することによって、標準化された手法を目指した地図づくりが二〇世紀中頃に登場した。社会地区分析がそれである。

社会的に似通った人々が暮らす地域を社会地区（social area）と呼び、それを統計的な方法を使って析出する分析手法を社会地区分析と呼ぶ。これは都市社会を特徴づけている大きな潮流がどのようなものであるかを考察し、それに基づいて現実の都市空間を分類するという演繹的手法として出発した。

当時の北米の都市社会は産業型社会（industrial society）であり、大別して三つの特性を示していると考えられていた。すなわち、①テクノロジーの発展に伴い、専門・技術職の重要性が増大してきたこと、②女性が都市的就業に進出するようになり、同時に、世帯が経済的単位としての重要性を失ってきたこと、③移動性の増大と、その結果、人種や出生国によって居住空間が分化するようになったことであった。これらの特性はそれぞれ、社会的地位（social rank）特性、都市化（urbanization）特性、居住分化（segregation）特性と名付けられた。

分析に当たってはまず、これらの三つの特性のそれぞれを代表する変数群を国勢調査の表章項目から選ぶ。次に、それらの変数を合成すると、各特性は〇から一〇〇の数値で表すことができるようになり、横軸を社会的地位特性、縦軸を都市化特性とする座標平面を設定することができる。

ここで、分析する都市空間の単位（表章単位）を国勢調査の統計区とするならば、ある都市空間における全統計区は、先に設定した座標平面位置づけることができることになる。さらに、居住分化特性を平均値より高いか低いかで二値に分割し、●と〇で塗り分けると、座標平面内に布置された各統計区は三つの特性に基づき分類されることとなる。こうして得られた図を社会空間ダイアグラムと呼び、この分類情報を地図に戻すと、社会地区の地図、すなわち社会地図※ができあがる。

社会地区分析は、標準化された手法を用いて総合的な都市空間比較を可能にした点で評価され、この手法を用いた研究が各地で行われた。それに加えて、社会地区分析をフィールド調査と結びつけた研究をも誘発することとなった。

たとえば、S・グリア（Greer, 1922-96）は、都市化特性を異にする二つの統計区を対象として、住民の友人関係形成に見られる特質を分析した結果、高都市化地区の住民は同じような高都市化地区の住民を友人として選択する傾向を顕著に示し、逆に、低都市化地区の住民はやはり低都市化地区の住民を友人として選択する傾向を示すことを指摘した（Greer, S., Urbanism reconsidered: A Comparative Study of Local Areas in a Metropolis, *American Sociological Review*, 21, 1956, pp.19-25）。

※社会地図
今日、主題図や社会地図を描くためにGIS（Geographic Information System：地理情報システム）が用いられることが多い。GISとは地図のデジタル化に基づく一連の地図・地域データベースであり、一九八〇年代後半以降、地理学を中心に学際的な学問分野を形成し、さまざまな場面で積極的に活用され始めている。

※因子生態学

にもかかわらず、社会地区分析はすぐに別の帰納的研究方法論である因子生態学にとって代わられることとなった。社会地区分析では、変数間の関係があらかじめ仮定されていたが、この仮定の妥当性が都市間比較研究の中で疑問視されたからである。

因子生態学は、都市の空間構造を特徴づける要因をあらかじめ仮定するのではなく、探索的に求めていくところにその特徴がある。社会・経済・人口・住宅などの幅広い変数間の関係を因子分析により解析し、似通った変動のパターンをもった変数の集団を、都市の空間構造を特徴づける因子（要因）として抽出することから分析を開始する。因子構造が明らかにされた後は、先に述べた社会地区分析と同様に、統計区を分類し、それを地図に反映させることにより、社会地図を作成する。

この因子生態学の手法を用いた研究もまた各地で行われ、大多数の都市の居住分化が第一次元である社会経済的地位、第二次元である家族的地位、第三次元であるエスニシティによる居住分化によって支配されるという、因子構造の一般的法則が示された。

これらの次元構造は、分析に使用された変数と統計的解法を変えても、それにかかわらず安定しているとされている。さらに、これらの次元の空間的表現もまた、都市が変わり、国勢調

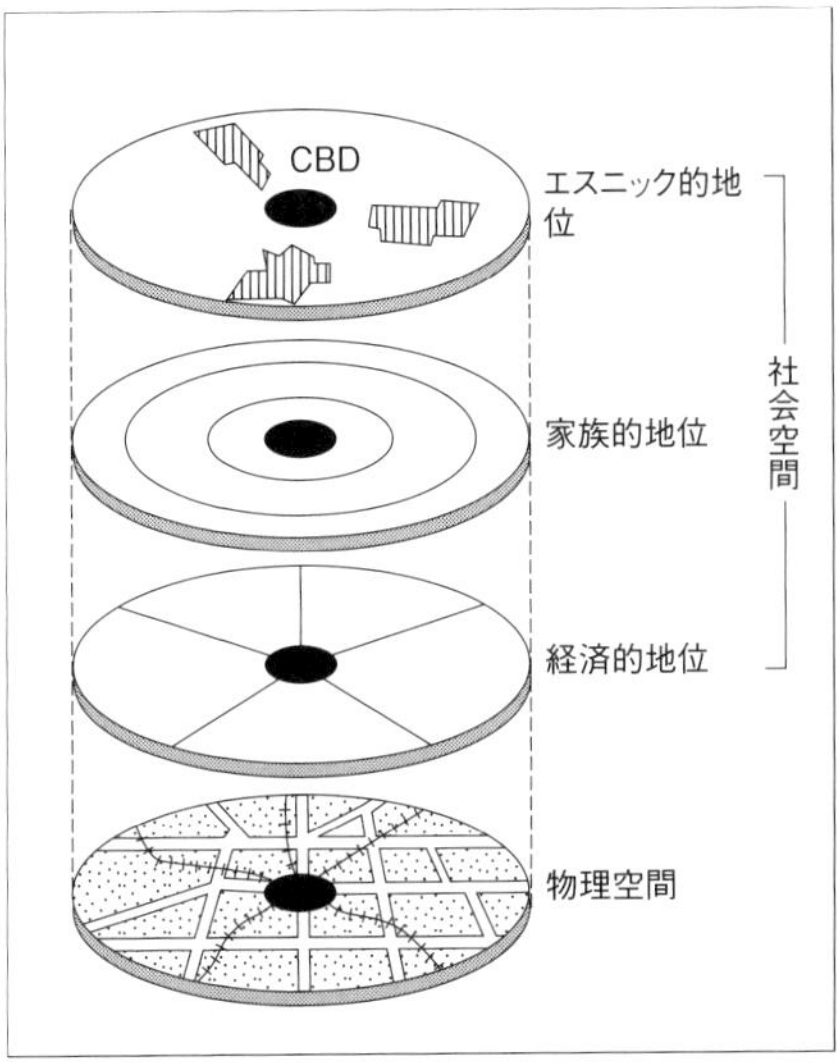

出典：P・ノックス『都市社会地理学』（上），地人書房，1993（原著 2nd ed., 1987），226 頁をもとに改変.

3-2　因子生態学による都市空間構造の理念的モデル

査の時点が変わっても普遍的・共通的なパターンをもっているといわれている。それは、経済的地位次元がセクターパターンを示し、家族的地位次元が同心円パターンを示し、エスニック的地位次元がクラスター型のパターンを示すというものである［3－2］。

そして、これらの次元が、異なったタイプの社会において異なった様式で結合することによって、多様な都市構造が生まれるとする、社会構造の発展段階論も提唱されるに至った［3－3］。ただし、これらの一般法則は個々の具体的な都市に即して考えると、W・ファイアレイ（Firey）がボストンで行った研究が示すように、社会・文化的要因※によって大きく修正されることはいうまでもない（Firey, W., Sentiment and Symbolism as Ecological Variables, *American Sociological Review*, 10, 1945, pp.140-8）。

都市空間構造の一般的法則を導き出す試みに非常に大きな貢献をした因子生態学であったが、いくつかの未解決な問題をはらんだまま今日に至っている。第一に、分析に用いられた変数が国勢調査のデータに偏っており、人々のライフスタイルを測定するような変数が見過ごされがちであること、第二に、研究の対象範囲および表章単位が現実の居住分化のパターンと一致しない可能性があること、第三に、少数の大きな負荷量のみによって因子を解釈すると、負荷量の小さな変数を無視することになり、因子構造の解釈が粗雑になる可能性があることなどである。

※社会・文化的要因

ファイアレイは、ボストン中心部の三つの地区が、同心円仮説が想定した変化を示さないことについて研究を行った。その結果、それらはボストン市民全体あるいはそれぞれの地区の居住者にとってのシンボル空間であるために、長い年月の間その姿を変えずに存続していることがわかった。このことから、都市の空間構造の規定要因として社会・文化的要因が重要であることが指摘された。

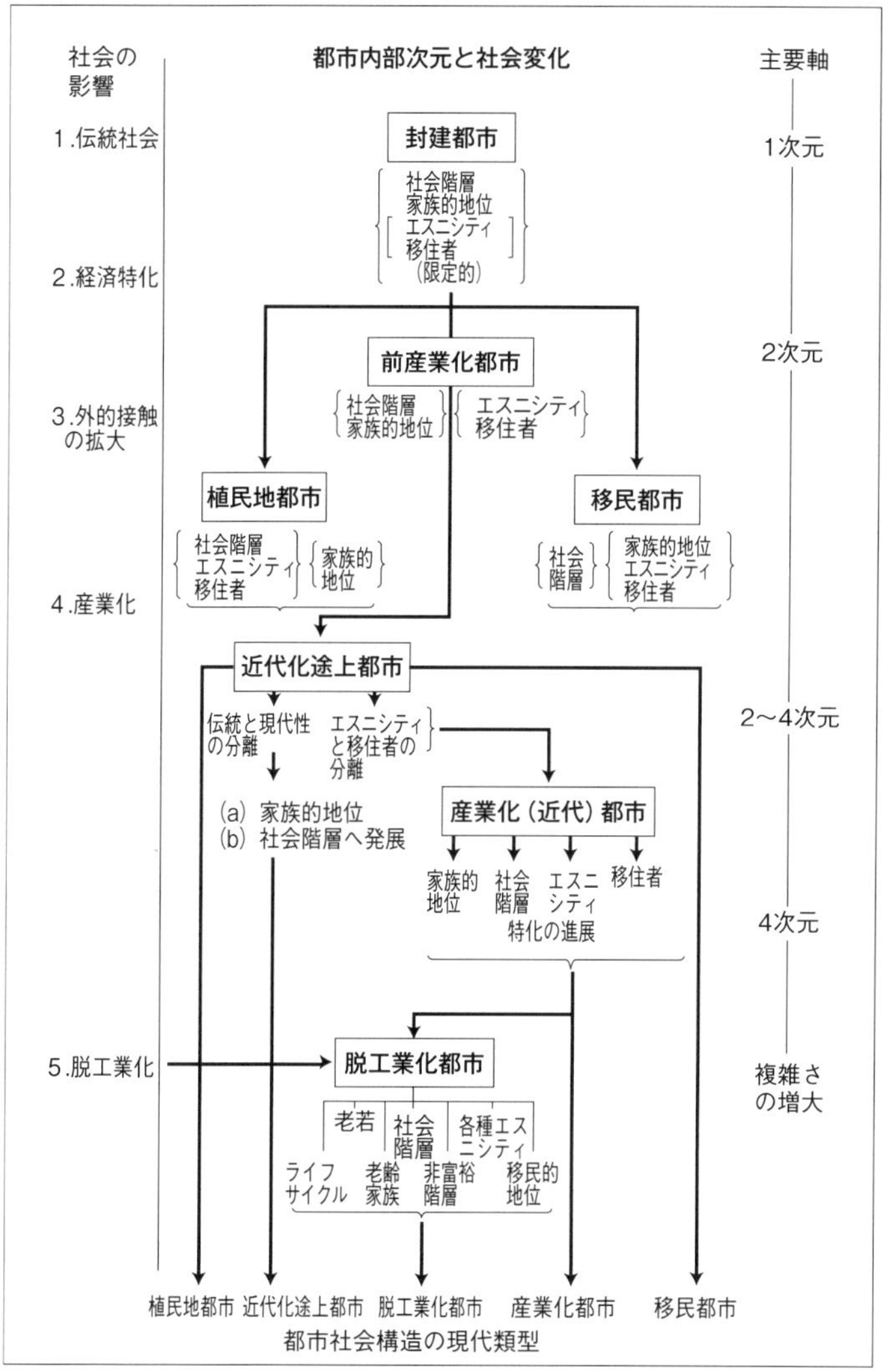

出典：P・ノックス『都市社会地理学』（上）地人書房，1993（原著 2nd ed., 1987），233 頁をもとに改変.

3-3　社会構造の発展段階論

二　東京圏の空間構造

✳ 東京圏の社会地図

これらの問題を解決する手がかりを探りつつ、東京圏の空間構造の基盤をなす社会構造を描き出す試みとして、東京の社会地図研究が行われた（倉沢進、浅川達人編『新編　東京圏の社会地図一九七五–九〇』東京大学出版会、二〇〇四）。

国勢調査などのセンサスデータを使用することはもちろんであるが、それに加えて社会階層の空間構成の変化を探るために、高額納税者名簿と官報に掲載された行旅死亡人公示広告を、また外国資本投入のフロンティアを析出するために外資系企業総覧をデータ収集のための資料として採用した。また、ライフスタイルを少しでもとらえることを目標として、投票行動や、外出行動の記録であるパーソントリップ調査のデータも、分析に加えられた。

対象範囲は東京圏を十分に内包している範域、すなわち、一都三県に茨城県南部を加えた範囲とし、市区町村を分析・表章の単位とした。ただし、第二の課題であった表章単位が現実の居住分化のパターンと一致しない可能性を検討するために、東京都二三区については、標準地域メッシュの第四次メッシュ（いわゆる五〇〇ｍメッシュ）を表章単位として採用した。

第三の課題であった因子分析結果の過剰解釈をさけるために、社会地区を析出する手法としてはＫＳ法クラスター分析が用いられた。分析・表章の単位とした小地域（市区町村、メッシュ）は、ｎ次元空間（ｎ＝投入変数の数）の中の点で表現されるため、投入したすべての変数の効果が等しく考慮されることとなる。その各単位地区を、ｎ次元空間内における点同士の近さに基づいていくつかのまとまり――クラスター――に分類していく。

その結果、同じクラスターに属する単位地区同士は類似し、別のクラスターに分けられた単位地区同士は似ていないという、単位地区の類型分類が得られる。またＫＳ法クラスター分析は、ある基準を設定し、それを一定のルールにしたがって改善することにより、最適解

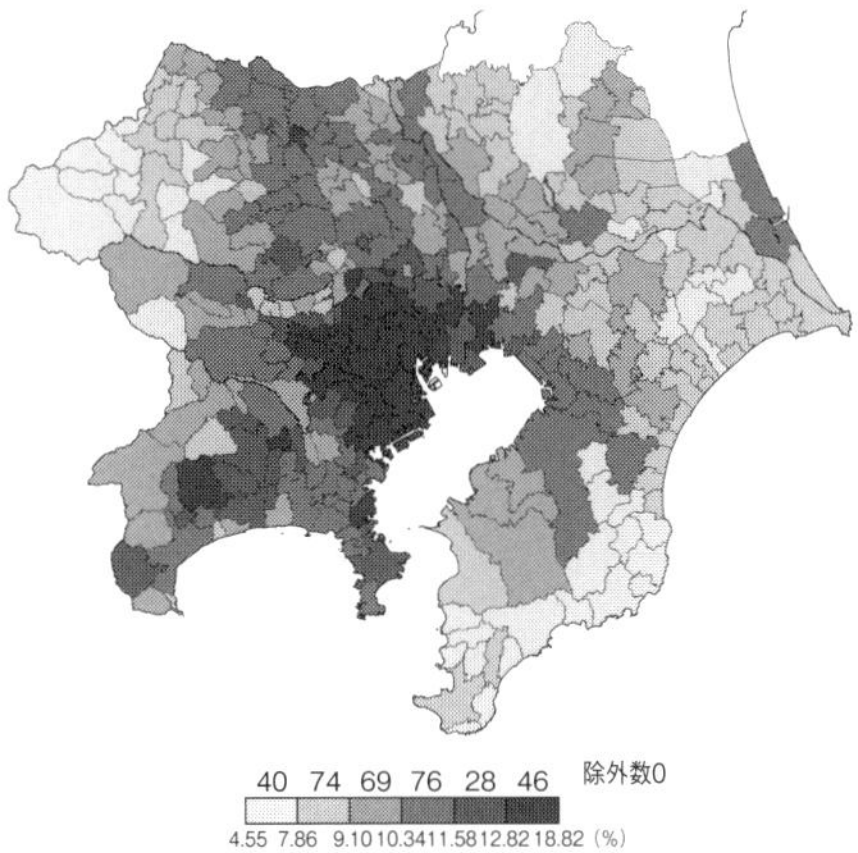

出典：倉沢進，浅川達人『新編 東京圏の社会地図 1975-90』東京大学出版会，2004，60 頁.

3-4　団塊世代比率 1970

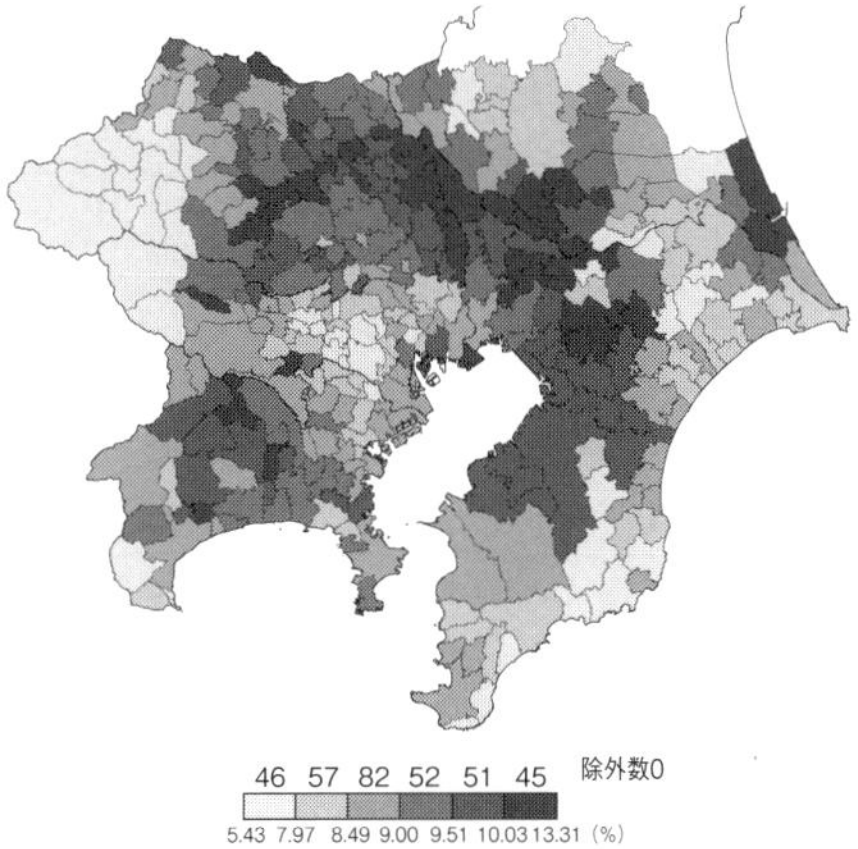

出典：倉沢進，浅川達人，前出，東京大学出版会，2004，61 頁.

3-5　団塊世代比率 1990

を得る方法、すなわち非階層的クラスター分析である。そのため、クラスター数の決定が分析者の主観的判断に委ねられているという一般的に用いられる階層的クラスター分析に対してなされる批判は、この方法には当たらないという利点をもつ。

地図化作業に入る前に、まず、国勢調査、事業所統計調査などのセンサス資料のデータファイルが作成された。次に、投票行動、パーソントリップなどの社会生活を測定する資料の収集と、上記ファイルへの追加が行われた。次いで、これらのデータから一〇〇〇を超す変数が算出され、平均値と標準偏差に基づいて標準化が行われ、指標値ファイルが作成された。そして、これに基づいて主題図が作成された。全人口に占める団塊世代の比率を示した［3-4、3-5］は、全国から東京圏に流入した団塊の世代が流入時には就学・就業の機会が多い都心近くで生活を開始し、家族を形成するにつれて郊外に移住していった様子を克明に描き出している。

三　知見の整理と今後の課題

※都市間比較と都市内部の地域の固有性に着目した研究

社会地図という手法を用いた東京圏についての研究から得られた知見は、国内の他の大都市にも当てはまるものなのであろうか。それとも東京圏固有のものなのであろうか。関東平野という巨大な平野に広がるという地理的な特徴、江戸期以降政治の中心であったという社会構造的な特徴、グローバル化、世界都市化に由来する特徴、それらの特徴からもたらされた東京圏固有のものなのであろうか。この点を明らかにすることを目標として、都市間比較研究が続けられている。

また、各地域がもつ歴史的・社会文化的要因を読み解く、すなわち、都市内部の地域の固有性に着目した研究も同時に蓄積が必要なことはいうまでもない。各地域の地誌を読み込むという研究は、これまで社会学者よりも地理学者によって行われてきた。しかしながら、今後は、因子分析、クラスター分析などの統計的手法に依拠しつつも、抽出された社会地区の地誌を丁寧に読み込み、その地域の歴史的・社会文化的要因と社会空間構造との関連を読み解くという研究も併せて行われるべきであろう。

❊日常生活世界との接合

因子生態学は、一時期、因子（要因）を抽出することに過度に専念したため、空間分布に対する関心がともすれば失われがちであった。そして、そのことが社会学者の関心を次第に失う遠因ともなったと考えられる。統計的な手法に依拠しつつも、その結果を空間分布に投影する、すなわち、社会地図を描くという試みは、われわれの日常生活世界の展開の場となっている社会を理解するためには必要不可欠な試みである。

それに加えて、そこで暮らすわれわれの日常生活を形づくるための視座を得るためには、現実の日常生活世界でなされている行為に着目した調査研究との接合もまた必要である。都市空間の社会学が、空間分析に偏りすぎると、そこで暮らす人々の生活の営みを見過ごすことにつながってしまう。都市空間の社会学は、社会空間構造というマクロ的視点をもちつつも、そこで暮らす人々の顔の見えるミクロ的視点も併用する社会学となることが望まれる。

Q&A

Q

社会学とは「社会」を対象とした学問であるが、目に見えない「社会」を学問の対象とするために、どのような工夫があり得るのか。

A

われわれは社会に生きている。にもかかわらず、社会は手で触ることができず、そのままでは目で見ることができない。社会の動きや変化に絡め取られながら、と同時に、社会に動きや変化を与えながら、われわれは日々の生活を行っている。

この社会を理解し、そこで暮らすわれわれの日常生活を形づくるための視座を得るための糸口として、社会を紙に書き取るという試みがある。そのような試みのひとつとして、社会地図がある。

H・W・ゾーボー、吉原直樹ほか訳『ゴールド・コーストとスラム』ハーベスト社、一九九七（原著一九二九）。

二〇世紀初頭のシカゴの社会空間構造について、多数の主題図を用いてあざやかに描き出した著作のひとつ。湖岸に位置するゴールド・コーストは上流階級の居住地であり、そこから通りをひとつ隔てただけの場所に社会的解体が進んでいる地区があることを明らかにした。

倉沢進、浅川達人編『新編 東京圏の社会地図一九七五—九〇』東京大学出版会、二〇〇四。

高度経済成長が終了し、経済低成長期が到来した一九七五年。このころ、工業型社会としての東京の社会空間構造が完成した。そこからグローバル化、世界都市化、少子高齢化といった大きな社会変動の中で、脱工業型都市へと変貌を遂げた東京圏を、多数の主題図と社会地図を駆使して描き出している。

玉野和志、浅川達人編『東京大都市圏の空間形成とコミュニティ』古今書院、二〇〇九。

京浜地区のコミュニティ・スタディを、東京大都市圏の空間形成との関連において位置づけた著作。すなわち、社会空間構造というマクロ的視点からの研究と、そこで暮らす人々の顔の見えるミクロ的視点からのコミュニティ・スタディとを融合させる初の試みとして編まれた著作である。

第四章　集まりとつながりの力
——集団・組織とさまざまな関係性

一　現代社会と集団・組織

※多様化する組織志向

政治・経済・文化など、およそあらゆる領域において、現代人の生活は組織と切っても切り離せないものとなっている。官公庁・会社・学校・病院などは、垂直・水平両方向に分化することで高度な活動調整を行う近代組織の典型にほかならない。けれども、他方、とくに仕事の領域に関して組織離れが話題に上るようになって既に久しい。一九七三年から五年ごとに行われてきているＮＨＫ放送文化研究所の調査データを見れば、一九八〇年代後半に仕事志向と余暇志向とが逆転し、その後は余暇志向の方がずっと優位に立っていることがわかる［4－1］。高度経済成長期ならびにその直後の日本社会では仕事人間や会社人間が非常に多く存在していたわけだが、そうした人間像もバブル経済期に相当な変質を遂げたといって間違いあ

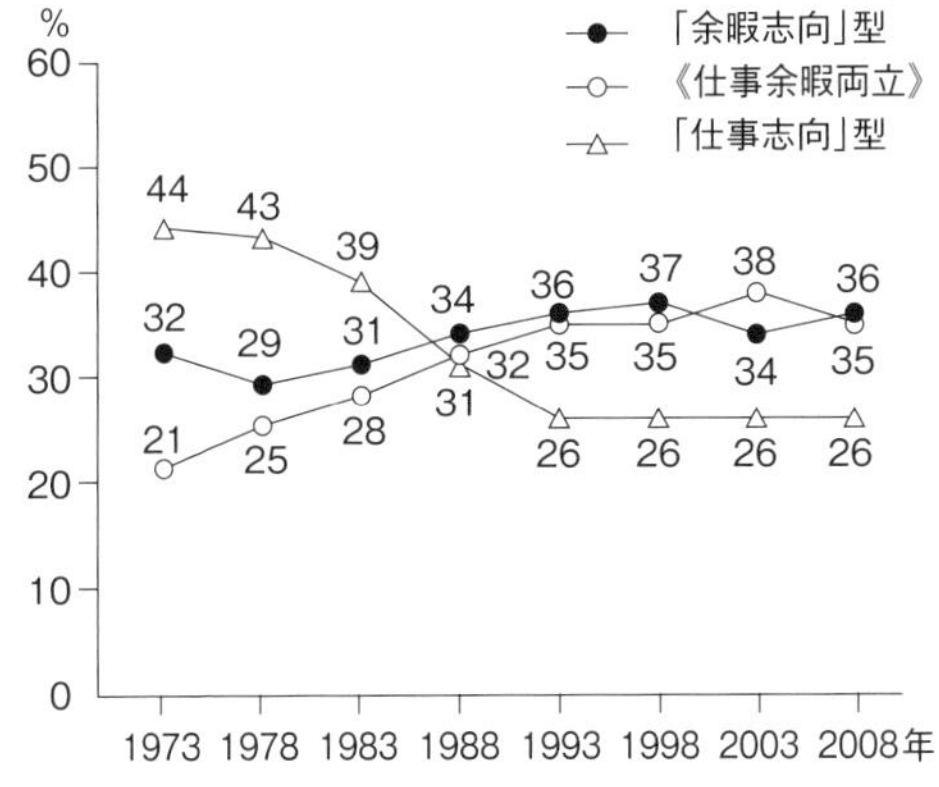

出典：NHK 放送文化研究所編『現代日本人の意識構造』［第七版］日本放送出版協会，2010，148 頁.

4-1　仕事志向と余暇志向

るまい。組織に縛られた働き方に対する忌避感は今やかなり一般的なものとなった。

しかしながら、これをもって人々の組織への志向それ自体が消失の方向へ向かうと断定してしまうのは極端に過ぎよう。今日でも定年まで一つの会社で働き続けたいと願う人はそれなりにいる。非正規雇用の比率が大幅に上昇し、それがはらむ諸々の問題点が明るみに出た昨今、組織において安定的に働くことの重要性に関する認識は非常に高いものとなった。たしかに、大規模組織に頼り切るような依存性はもはや古過ぎるし、組織からの自由を求める動きがやむことはない。けれども、それで組織の存在意義が雲散霧消してしまうわけでは決してなく、組織なるものは今なお人々の生活にとって不可欠の存在であり続けている。今大切なのは、組織から離れたところで個人生活の充実を夢想することではなく、むしろ、個人生活を豊かにしてくれる組織のあり方について考えを巡らせることだろう。

❊ 集団の諸類型

組織とは一言でいうならば、共通目標の達成のために人為的につくられた集団のことであり、より自生的なものと考えられてきた家族集団や近隣集団や仲間集団とは分析的に区別される。社会学はその成立当初から、関係や集団の中に自生的なものと人為的なものとを分け、このうち後者の社会的役割が近代化にともなって劇的に増大したことに注目してきた。

F・テンニース※（Tönnies, 1855-1936）は、本質意志に基づいて有機的に実在するゲマインシャフトと、選択意志に基づいて機械的に観念されるゲゼルシャフトとの対比を行い、近

※テンニース
(Ferdinand Tönnies)
（一八五五－一九三六）

ドイツの社会学者。草創期のドイツ社会学を担った人物。社会関係ならびに社会集団の基本的な類型として、本質意志に基づくゲマインシャフトと選択意志に基づくゲゼルシャフトとを提示。理論社会学の礎をつくり、その後の社会学の展開に大きな影響を与えた。主著『ゲマインシャフトとゲゼルシャフト』（一八八七）では非常に広範な議論が展開されている。

4-2　集団類型論の概略

	概　念	意　味	例
テンニース（F.Tönnies, 1887）	ゲマインシャフト	本質意志に基づく有機的関係・集団	家族・近隣　村落・仲間
	ゲゼルシャフト	選択意志に基づく機械的関係・集団	企業・大都市・国家
クーリー（C.H.Cooley,1909）他	第一次集団	対面的で親密な集団	家族・近隣・仲間
	第二次集団	非対面的で冷徹な組織	企業
マッキーヴァー（R.M.MacIver,1917）	コミュニティ	共同生活の領域	地域社会（村落・都市・国）
	アソシエーション	共同関心追求のための組織体	家族・企業・国家

代化の趨勢をゲマインシャフトからゲゼルシャフトへの流れとしておさえている（テンニース、杉之原寿一訳『ゲマインシャフトとゲゼルシャフト』岩波書店、一九五七〔原著一八八七〕）。またC・H・クーリー※（Cooley, 1864-1929）は、非対面的な機能的構成体の伸張にともなって、対面性や結合や協力などを特徴とする第一次集団が衰微してしまう危険性について警鐘を鳴らした（クーリー、大橋幸、菊池美代志訳『社会組織論』青木書店、一九七〇〔原著一九〇九〕）。さらにR・M・マッキーヴァー※（MacIver, 1882-1970）は、共同生活の領域としてのコミュニティと共同関心の追求のために創られたアソシエーションとを分けたうえで、前者が統合的であるのに対して、後者は部分的だと説いている（マッキーヴァー、中久郎、松本通晴監訳『コミュニティ』ミネルヴァ書房、一九七五〔原著一九一七〕）。彼らの集団類型論の概略を表に示しておこう［4-2］。

集団類型論は論者によって微妙な違いを呈するが、

※クーリー
（Charles Horton Cooley）

（一八六四―一九二九）

第一章脚注参照（一三頁）

※マッキーヴァー
（Robert Morrison MacIver）

（一八八二―一九七〇）

アメリカ社会学の祖の一人。共同生活の場としてのコミュニティと、そこから派生する共同関心の追求のための組織としてのアソシエーションとを区別する議論を展開。その後の地域社会学や集団・組織論に大きな影響を及ぼした。コミュニティはアソシエーションに先行する存在として重視される。主著は『コミュニティ』（一九一七）など。

しかし、概括的に見れば、ほとんどの議論は共通して基礎集団に対する機能集団の比重の高まりに注目しているといって間違いない。それを賞揚しようと憂えようと、高度な機能分化を果たした社会を生きる現代人は、市民サービスを目的とする官公庁や営利を目的とする会社や教育を目的とする学校や医療を目的とする病院など、特定の目標志向を有する諸々の近代組織と密接かつ多様な関わりをもたざるを得なくなっているのである。

※近代組織の二側面─機能的側面と集団的側面

組織というものはすぐれて機能的に編成された人為的な存在であり、それが他の基礎的な集団と組織とを分ける大きな特徴となっている。そして、この部分に注目して近代組織に関する研究を推し進めた経営学的組織論の祖、C・I・バーナード[※]（Barnard, 1886-1961）は、組織を集団の一種としてよりは、むしろ共通目標の達成を志向する協働のシステムとしてとらえた（バーナード、山本安次郎ほか訳『経営者の役割』ダイヤモンド社、一九六八〈原著一九三八〉）。

このとき、組織を構成する主たる要素は具体的な人々（ないしその集合）ではなく、諸々の役割とその連関ということになろう。人々は組織の歯車になるからこそ、ある種の疎外感を味わったり、また大いなる協働の成果を上げたりするのである。好むと好まざるとにかかわらず、組織にはそうした冷徹な側面がある。

しかしながら、社会学的な集団類型論の伝統が教えてくれるように──あるいは生活者が

※バーナード（Chester Irving Barnard）（一八八六─一九六一）
アメリカの経営学者。AT&Tに勤め、その子会社ニュージャージー・ベルの社長にまでなった実業家にして、行動科学的な近代組織論の礎を築いた研究者。その主著『経営者の役割』（一九三八）は心理学と社会学の知見を総動員した組織の基礎理論である。そこにおいて組織は、意識的に調整された人間の活動や諸力の体系として広くとらえられている。

実際に日々感得しているように――、組織はやはり集団のひとつであり、それを構成しているのは生身の人間（ないしその集合）にほかならない。そして、そのため組織はときに、たとえ擬制に過ぎないにしても、ゲマインシャフトや第一次集団やコミュニティの様相を呈したりさえする。組織が単なる役割の複合体に過ぎず、そして人々が打算的な関心しかもちえないのであれば、組織への一体感など生起しえないであろう。

読んで字のごとく、機能集団としての組織には機能的な側面と集団的な側面との二つが存在している。共通目標を志向する諸々の役割の連関という側面と、一定の境界で区切られた人々の集合という側面。この二つがダイナミックな絡まり合いを演ずる場が近代組織なのである。

二　官僚制組織の諸問題

❊ウェーバーの官僚制論

組織は人々からなる集団の一種ではあるものの、他方、機能的・合理的に編成されているため、そこでは一義的には個々人の人格よりも、非人格的に諸々の行為を調整していくシステムがものをいうことになる。M・ウェーバー※（Weber, 1864-1920）はこのシステムを官僚制という用語で表現し、その社会学的定式化を行った（ウェーバー、阿閉吉男、脇圭平訳『官僚制』恒星社厚生閣、一九八七〔原著一九二一―二二〕）。社会学的に官僚制という場合、そ

※ウェーバー（Max Weber）（一八六四―一九二〇）
ドイツの社会学者。近代資本主義の展開の原動力として禁欲的プロテスタンティズムという宗教文化的な力が働いていたことを示す独自の研究などで知られる。政治・経済・社会・文化全てに拡がる壮大な社会学を展開した。主著『宗教社会学論集』（一九二〇―二一）、『経済と社会』（一九二一―二二）。

れは行政組織のことではなく、官公庁・会社・学校・病院などに通底する近代組織の編成原理を意味している。

ウェーバーによれば、影響力行使の様式には、①伝統の神聖さを根拠とする「伝統的支配」、②支配者のもつ超人間的資質に基づいた「カリスマ的支配」、③非人格的な法やルールに依拠する「合法的支配」の三つの類型があるが、このうち合法的支配の純粋型と考えられるのが官僚制にほかならない。そしてそれは、次のような特徴をもつとされる。権限の原則（活動の規定・権力の規定・計画的な任命）、一元的で明確な上下関係、文書による職務遂行ならびに公私の分離、専門化した活動、職務への専念、一般的な規則に基づく職務遂行。

日常用語で官僚制というと、そこにはとかく悪いイメージが付着しがちだが、しかし、それは非人格的な組織運用の原理であるため、原則的に精確性や信頼性に富み、恣意的な権力行使をきびしく制限する公平なシステムといえる。たとえば、とある官庁や企業において、汚職やコネ人事ばかりが横行したとしよう。これを近代組織やそれを支える官僚制原理のせいにしようとする評論的な見解があるが、それは全くの誤りというほかはない。そこで問題なのは、近代組織のルールを無視した放縦な活動である。したがって、この場合、指弾されるべきは官僚制の〝過剰〟ではなく、むしろ〝過少〟の方ということになるわけである。

※マートンの逆機能論

しかしながら、官僚制の〝過剰〟が問題となる場合ももちろんある。それは非人格的な規則にばかり拘泥するあまり、本来的な目標達成がおろそかになったり、あるいは個別的で柔軟な対応ができなくなったりする場面として立ち現れよう。R・K・マートン※（Merton, 1910-2003）はこの官僚制の逆機能問題の生成・展開プロセスを、次のような四段階に整理した（マートン、森東吾ほか訳『社会理論と社会構造』みすず書房、一九六一〔原著第二版一九五七〕）。①目標達成のための規則遵守⇩②規則の絶対化ならびに組織目標との無関連化⇩③柔軟さの欠落⇩④非能率的な結果。

非人格的な規則は、本来組織目標を効率的かつ適切に達成するための手段に過ぎない。それを遵守することはもちろん重要なことではあるが、しかし、手段としての規則（あるいは組織体）それ自体が、目的的な価値を帯びるほどに神聖化されるとき、元々の組織目標は霞んでしまい、また状況に応じた臨機応変な姿勢がとられにくくなってしまうのである。いわゆるお役人的な態度というのは、その顕著な表れにほかならない。たとえば、環境問題や薬害問題に関する切実な訴えかけがあったにもかかわらず、担当部署が見当たらないとか、前例がないなどといった理由で、窓口のたらい回しをされたり、適切な対処がなされなかったりしたら、それこそが官僚制の〝過剰〟による逆機能の典型ということができよう。

※マートン
(Robert King Merton)

(一九一〇―二〇〇三)

アメリカの社会学者。小さな経験的仮説と大きな抽象的図式とを架橋するものとして、中範囲理論の重要性を力説。機能分析の精緻化を行うとともに、準拠集団論や自己成就予言の議論などを展開した。主著『社会理論と社会構造』（一九四九）には彼の代表的な研究成果の多くが収められている。

※組織社会に関する三つの問題

先に触れたバーナードは組織の重要な要素として、協働意欲、目的、コミュニケーションの三つを挙げていた。これに対して、ウェーバーの官僚制論では、目的や目標は中核的な位置を占めてはいない。それは、官僚制論の文脈において、組織がもっぱら所与の目標達成のための手段としてとらえられているからである。そして、非人格的な規則への拘泥によって官僚制が〝過剰〟になると、組織における集団的側面の負の部分が機能的側面を圧倒し、当初の組織目標が見失われることになる。近代組織のルールは本来、機能的な必要から設けられたものであるが、それが過度の道徳性をまとってしまうのは集団的な力によるものと考えられよう。この官僚制の逆機能が、今日の組織社会に特徴的な第一の問題だ。

これに対して、情実や汚職などの悪弊は、同じく集団的側面の負の部分が浮き出たものでありながらも、先にも言及したように、官僚制が〝過少〟であることによってもたらされる。この第二の問題は、近代組織に固有のものではなく、むしろ、前近代的な関係性のマイナス面が顕在化した現象と考えられよう。

しかし、組織社会の問題は、この二つに留まるものではない。第二の問題の場合と同様に、官僚制の〝過少〟に起因するものの、それが極端な効率性至上主義へと向かう場合がある。「目的を忘れて手段にこだわる」態度が第一の問題の典型だとすれば、この第三の問題は「目的のためには手段を問わない」態度に現れていよう。それは、組織における機能的な側面が肥

4-3　組織社会的病理の３つの様相

官僚制的ルール	病理が顕在化する側面	現象
過剰	集団的側面	官僚制の逆機能（目的の閑却）
過少	集団的側面	情実や汚職（手段の閑却）
過少	機能的側面	効率性至上主義（手段の閑却）

大化し過ぎたことによる病理といえる。たとえば、自社の利潤の増大やシェアの拡大を急ぐあまり、適切な手続きを踏まなかったり、あるいは非合法スレスレのところで商行為を行ったりするようなことがあれば、それは非人格的なルールを軽視ないし無視した姿勢として鋭く批判されることとなろう。

こうして今日の組織社会をめぐる問題としては、少なくとも三つの異なる種類のものがあるということが明らかとなった［４‐３］。この三つの問題は、官公庁・会社・学校・病院などおよそあらゆる近代組織に立ち現れうるものであり、それに対する批判にも三つのタイプがあるということになる。学校組織批判の例をとれば、過度な校則への批判は第一の問題に、また教師によるひいきへの批判は第二の問題に、そして詰め込み教育や偏差値教育への批判は第三の問題に、それぞれほぼ対応しているといってよいだろう。

社会評論のレベルでは、この三つの区別はこれまでほとんどなされてこなかった。しかしながら、たとえば第一の問題と第三の問題は鋭い対照性をはらんでおり、その対処法も自ずと違ったものになるということもあるので、このような分析的な区別をつけておくことは、組織社会の認識を深めるうえで必要不可欠な作業ということができよう。

三　さまざまな関係性

※ヴォランタリー・アソシエーション

昨今、官僚制に代わる新しい組織化の形態としてヴォランタリー・アソシエーション（自発的結社）に注目が集まっている（佐藤慶幸『ＮＰＯと市民社会』有斐閣、二〇〇二、など）。阪神・淡路大震災や東日本大震災のときには、多くの人々が自発的に援助活動に従事したことが話題に上ったたし、また今日ではＮＰＯ（非営利組織）やＮＧＯ（非政府組織）という言葉も普通に流通している。

ヴォランタリー・アソシエーションが従来の官僚制型組織と違うのは、それらが少なくとも理念的に個人の自発性や、意思決定の分権性や、水平方向での連帯や、結合の緩やかさや、境界の柔軟さなどを強調している点に求められる。そこでは、参入や退出の自由度が高く、参与者の範囲がしなやかに伸縮するので、従来型の組織の有する集団的側面がかなり緩和されることになる。また、諸個人の自律性に基づいた対話的合理性が重視されるため、機能的側面の超克への期待もそれなりに高い。その意味で、これらは近代官僚制組織がもつ「鉄の檻」（ウェーバー）の堅さを打ち破る可能性を秘めているのである。

しかしながら、元々は諸個人の自律性や関係のしなやかさを重視していたはずのヴォランタリー・アソシエーションも、長続きするにつれて集団的側面や機能的側面を強めてしまうかもしれない。したがって、これらに対する過剰な期待が裏切られることも、ままあろう。状況によってはヴォランタリー・アソシエーションが諸個人にとっての新たな軛（くびき）となる可能性を否定するわけにはいくまい。

❊社会関係資本

ヴォランタリー・アソシエーションと並んで、社会学やその関連分野で、あるいは社会評論の領域で昨今よく聞かれるようになったのが社会関係資本（social capital）という概念だ。R・D・パットナム（Putnam, 1941-）は、社会関係資本を個人間のつながりとしての社会的ネットワーク、ならびにそこから生じる互酬性と信頼性の規範として規定する（パットナム、柴内康文訳『孤独なボウリング』柏書房、二〇〇六〔原著二〇〇〇〕）。また、N・リン（Lin, 1938-）によると、それは人々が自らの行為のためにアクセスし、活用する社会的ネットワークに埋め込まれた資源のことだ（リン、筒井淳也ほか訳『ソーシャル・キャピタル』ミネルヴァ書房、二〇〇八〔原著二〇〇一〕）。人はモノやカネや学歴や資格がいくらあっても周りに頼りになる知り合いが誰もいなかったら、普段の生活にも支障をきたしがちになろう。また、その反対に物的・経済的・人的資本が乏しくても、助けてくれる友がたくさんいる場合、その人の人生はそれなりに豊かになるにちがいない。

とある社会圏の内部で緊密なつながりを誇る「結束型」の社会関係資本は、人々の間に信頼と連帯をもたらすし、複数の社会圏の間を臨機応変につなぐ「橋渡し型」の社会関係資本は新たな資源や情報の流れを促進してくれる。集団や組織のフォーマルな構造というよりは諸個人が紡ぎ出すネットワーク的な関係性それ自体がこのような効力を発揮するということで、近年、社会関係資本研究に対する注目度は相当に高いものとなった。

しかし、「結束型」の社会関係資本は排他的な集合性を前提とするため、結局、従来型の集団や組織を越えることはありえない。また「橋渡し型」の社会関係資本にしても、実はそれ自体が古いタイプの属性集団になっているケースも少なくない。たとえば、転職に当たって各種の電子的ネットワークを通じて見知らぬ人たちの助力を得たと聞けば新奇なようにも感じるが、そこで仲介者となったのが似たような職業階層の人たちだったとか、同じ大学出身の人たちだったなどといったことが判明すれば、それは旧態依然たるコネや学閥と何ら変わることなく、きわめて陳腐な事態と言わざるをえないだろう。

「結束型」にせよ、「橋渡し型」にせよ、諸々のネットワークの大半は実のところ集団や組織の存在を前提にしている。社会関係資本が大きな影響力を及ぼす場面は少なくないが、そうした際、必ずしも集団や組織の力が減衰しているわけではないということに注意しておこう。

❊ 純粋な関係性

では、集団的・組織的な影響力を極力免れた関係性というのはどのように構想できるのだろうか。これに関しては、A・ギデンズ（Giddens, 1938-）が今日的な関係性のひとつのあり方として提示している「純粋な関係性」の概念が大変に示唆に富む。彼がその特徴として挙げているのは、次の七つである（ギデンズ、秋吉美都ほか訳『モダニティと自己アイデンティティ』ハーベスト社、二〇〇五〔原著一九九一〕）。①社会的・経済的生活の外的諸条件に依存しない、②関与者たちの関心のためにのみ維持される、③反省的でオープンな組織化がなされる、④外的な絆ではなく、コミットメントが重要、⑤親密性に焦点が当てられる、⑥獲得的な相互の信頼が肝心、⑦アイデンティティは親密性の発展の中で彫琢される。

つまりは、既存の集団や組織に依ることなく、ひたすら当の関係性それ自体を志向し、その過程の中でアイデンティティや信頼を不断に構成し続けていくということ……。これは言うなれば、究極の反・組織化の原理にほかならない。

けれども、そこでは何ものも所与とはされないので、今日の信頼が明日のそれを保証するとは限らない。また、外的諸条件に依存しないと謳ったにせよ、「純粋な関係性」のみで社会全体が構成されるわけはなく、当の関係性が存在しうるのは、やはりさまざまな集団や組織が存在していればこそということになる。「純粋な関係性」はたしかに既存の組織社会を反省的にとらえ返すには好個の志向といえるが、しかし、それ自体さまざまな問題をはらんでいるということを見落とすわけにはいかないであろう。

ヴォランタリー・アソシエーションと社会関係資本と「純粋な関係性」。この三つはそれぞれ新たな関係性の形として近年注目度を上げているところだ。しかし、既に見てきたように、それらはいずれも集団現象・組織現象と無縁のものではありえない。集団や組織のありようを深く見据えることは、依然として重要な課業であり続けている。

Q&A

Q 集団という存在は、近代化にともなってどのように変化してきたのだろうか。また、近代組織にはどのような問題点があるのだろうか。

A

古典的な集団類型論でいえば、近代化にともなってゲマインシャフトに対してゲゼルシャフトの、第一次集団に対して第二次集団の、コミュニティに対してアソシエーションの重要性が高まってきた。これは大きくとらえれば、社会の主役が自生的・基礎的な集団から人為的・機能的な集団へと移り変わってきたということを意味する。

こうして近代化以降の人々の生活のあらゆる領域は機能集団としての組織と密接にかかわることとなったが、近代組織を効率的に動かすための仕組みとしての官僚制には逆機能的な側面もある。本来的には特定の目標達成のための手段だったはずの官僚制がそれ自体目的化され、たとえば、ルールばかりが強調されることで、元々の目標が忘れ去られてしまうという事態がそれだ。

近代型の集団・組織の問題点を乗り越えるものとして昨今、ヴォランタリー・アソシエーションや社会関係資本や「純粋な関係性」などといったものに期待がかけられている。ただ、それらにしても、無条件に望ましいといえるわけではない。大切なのは、古いものも新しいものも含め、関係・集団・組織のすべてに関して虚心な探究を行っていく姿勢だろう。

ブック・ガイド

F・テンニース、杉之原寿一訳『ゲマインシャフトとゲゼルシャフト』岩波文庫、一九五七（原著一八八七）。

社会関係ならびに集団のあり方を、本質意志に基づくゲマインシャフトと選択意志に基づくゲゼルシャフトとに分けて分析した古典的な名著。集団・組織研究だけでなく、その後のあらゆる社会学研究に多大な影響を及ぼした。

佐藤慶幸『NPOと市民社会』有斐閣、二〇〇二。

フォーマルな政治セクターや経済セクターから独立したNPOやNGOの存在についてアソシエーション論の立場から論じた書。市民的な連帯に関する思想史的な検討から現代のさまざまな運動の分析に至るまで、幅広く深い探究がなされている。

N・リン、筒井淳也ほか訳『ソーシャル・キャピタル』ミネルヴァ書房、二〇〇八（原著二〇〇一）。

近年、社会科学全般において頻繁に話題に上る概念、社会関係資本（social capital）に関し、社会学の立場から分析的な議論を積み上げた書。諸々の概念が明確に規定され、各種命題が明快に提示されているため、内容の濃さのわりに読みやすい本となっている。

第五章　集合行動―社会不安と不満の社会学

一　社会変動と社会不安

※アラブの春

二〇一〇年一二月にチュニジアで始まった民主化運動は、中東諸国に拡大し、翌年二月にエジプトのムバラク大統領が退陣に追い込まれるなど、反政府運動やその結果としての政権崩壊をもたらした。アラブの春である。この急速な政情変化は、所得格差など構造的な不満を基盤としつつ、フェイスブックなどソーシャルメディアの役割が注目された。二一世紀の社会運動の特徴を見事に描いた事例といえよう。

集合行動論は、このような社会運動に加え、パニック、リンチ、暴動、流行など多様な集合的な行動に関心を寄せる。これらの雑多な行動は、日常的な組織的行動や規範に則した制度的行動と比べたとき、ときに荒々しく、一見すると衝動的とも、非合理とも見える。その異質性から多くの研究者の関心を集めたともいえるが、同時に社会行動に関する多くの洞察を含んでもいた。本章では、集合行動への多様なアプローチを社会不安[※]および不満という観点から比較、紹介していくことにしよう。

※**社会不安**
英語では、"social unrest"が用いられることが多く、社会的あるいは政治的な不満や不穏という含意がある。集合行動論という文脈では、個人的な不安というよりも、社会に広く共有されている側面を強調すべきだろう。

※社会不安と循環反応

集合行動の基礎に、このような社会不安を見たのは、集合行動論の始祖のひとりであるG・ル・ボン（Le Bon, 1841-1931）であった。彼は、一世紀以上も前に、当時の社会に「宗教上、政治上、社会上の信念の破壊」を、そして、「科学上、産業上の近代の発見によって生じた、全く新たな生活状態」の創始を、そして、中世の頸木（くびき）から解き放たれた一九世紀末の市民社会に、貴族制社会から群集に担われた新たな社会への大きなうねりを見出したのである（ル・ボン、櫻井成夫訳『群衆心理』講談社学術文庫、一九九三〔原著一八九五〕）。

集合行動に積極的な社会的意味を見出し、社会学の領域に取り入れたのはR・E・パーク（Park, 1864-1944）やその後継者であるH・ブルーマー（Blumer, 1900-87）らシカゴ学派であったが、彼らもまた、社会変動と社会不安に関心を寄せていた。二〇世紀初頭のシカゴは、急速な産業化、都市化を背景にさまざまな「社会変動」と社会問題に直面していた。その時代背景の中で、彼らの関心のひとつが社会秩序の動揺と新たな「社会秩序」への模索と創発の過程、つまり社会変動であった。そして、この社会変動を担う行動様式として集合行動をとらえ、すぐれて社会学の対象であると位置づけたのである。まさにパークが十字軍とフランス革命とについて、「群集運動はここでは二重の役割を演じていた。すなわち、古い既存の制度に対する最後の打撃を与えた力であり、また新しいそれを導入した」と述べるとき、社会秩序を揺るがす破壊的な側面と同時に、新しい秩序を創発する側面をも見ていたのである。

彼らの基本発想を図に示した［5-1］。その論は、社会秩序下での制度的行為と社会変動下での集合行動とを対比し、それぞれの行動を「相互作用様式」に対応させることから成立している。

通常、われわれの社会には一定の秩序があり、その秩序の下で生活をし、活動をしている。この社会環境下では、われわれは他者の言動に直接反応しているわけではない。それぞれの言動が含意する意味を解釈し、その解釈にしたがって反応する。当然のこと、解釈に個人差があり、したがって同じ刺激に対しても異なる反応を示す。これが、行動の個人差を、そして社会の中の行動の多様性を生みだしている。このような他者の言動の意図や意味に基礎を置く相互作用を「解釈的相互作用」と呼んだのである。

しかし、社会は常に変動している。技術革新や価値観の変化に伴い、既存の価値や規範は揺らぎ、社会不安が醸成される。彼らは、このような社会不安の下でこそ集合行動が発生すると見た。解釈を可能とする安定した社会秩序が失われた場での相互作用様式は、相互参照に基づくか、「循環反応」に置き換えられていく。

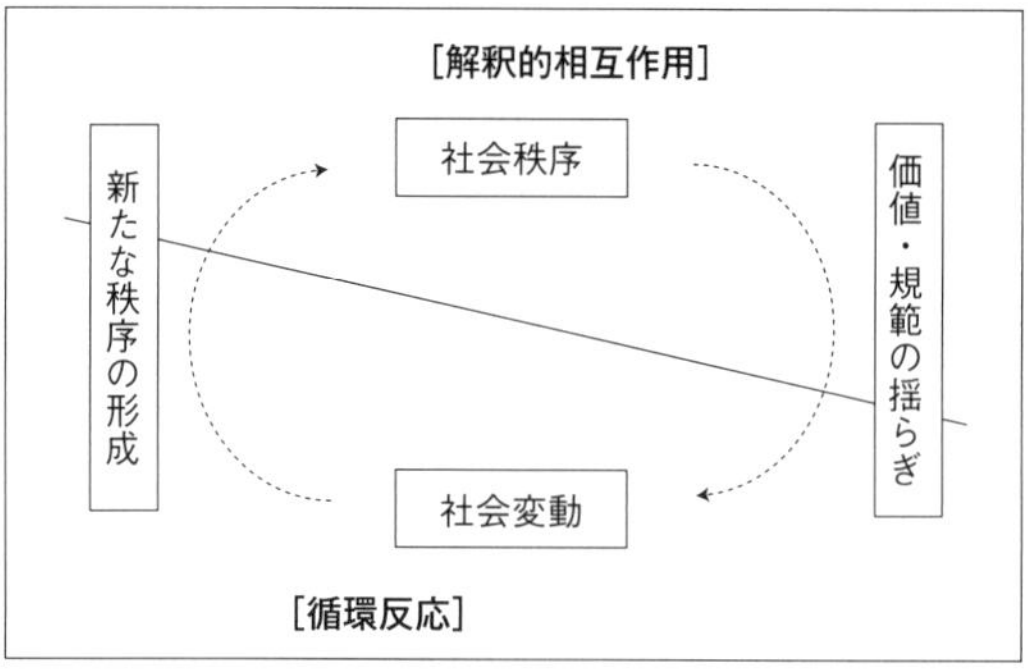

5-1　解釈的相互作用と循環反応

そこでは、他者の行動を参照して、自分の置かれた状況やとるべき行動を模索し続ける。その典型が、「ミリング」と呼ばれる無目的な探索的な行動であり、その過程で集合的興奮が高まり、被暗示性が高まり、感情が共有されていく。この一連の過程を社会感染と呼んだ。

パークやブルーマーらは、循環反応に単に社会秩序の崩壊を示すだけの行動様式ではなく、新たな社会秩序を形成する過程として積極的な意味づけを見たのである。彼らにとって、集合行動は新たな秩序を模索する試みであり、社会変動の過程にほかならず、その契機が社会不安なのである。社会不安こそが集合行動を生み出す「るつぼ」なのである。なぜならば、通常の制度的行動で欲求や要望が満たされているかぎり、集合行動は発生しない。逆に、満たされないときに、その充足を目指して、新たな非制度的行動様式、つまり、集合行動が生じてくると想定した。つまり、社会変動と社会秩序とを対置させ、社会変動が生起されていく前提条件として不安が共有され、社会不安を形成していく過程を循環反応として描いたのである。

❊動機の多様性と同調

ブルーマーの弟子であるR・H・ターナー（Turner, 1919-）とL・M・キリアン（Killian, 1919-2010）は、集合行動の事例分析を通じて、参加者の動機や関わり方が同質ではないことを見出していく。そうであるならば、社会的感染説では、集合行動の参加者が同じような行動をとる同質性を適切に説明できないことを意味する。なぜならば、社会的感染説では、循環反応を経て情緒が同質化し、その結果、同じような行動をとると説明したからである。

ここに彼らが集合体内の行動調整メカニズムとして持ち込んだのが、社会心理学の「同調※」概念であった。同調とは行為者の態度や信念にかかわらず、多数派によって共有されている規範に行動を合わせる傾向をいう。規範は、一般に多数が共有し、支持していると考えられることから、その妥当性が保証されている行為パターンである。しかし、日常の慣習や規範が行動の指針たり得なくなった環境下では、状況が再定義され、新たな規範が創発される。これを創発規範と呼んだ。

創発規範説の根本は、集合行動参加者の同質性は幻想であり、参加者の間には多様な動機が存在し、その多様な動機の調整が、規範への同調というメカニズムを通して行われるという点にある。彼らによれば、集合行動の異質さは創発規範の異質さにほかならないし、集合体成員の間に見られる同質性は、その創発規範への同調の結果にほかならない。集合行動の示す異質性や同質性は、人間性が変質するのでも、相互作用形式が変容するのでもなく、単に同調する規範が変容しただけであると提唱した。

この規範への同調という行動傾向は、社会行動に共通するきわめて一般的なものであり、ここで分析されなければならないのは、なぜ既存の規範が棄てられ、特定の規範がその場で形成されていくのかである。この問に立ち返るとき、創発規範説は社会不安を社会的感染説と共有することになる。創発規範説は、多様な動機が調整される過程を規範への同調というメカニズムで説明した。その面では、感情が感染し、共有されるからこそ参加者の行動は同

※同調
社会心理学の概念であり、多数派の意見や評価、行動に、必ずしも同意していないが、孤立を避けたり、罰を回避するために表面的に合わせる現象。

質になると説明した社会的感染説を継承はしない。ただ、ターナーとキリアンが、集合行動を「日常の慣習が社会的行為の手引きとはならなくなり、人々は確立された制度的パターンや構造を集合的に超え、無視（bypass）し、破壊する状況下での社会的行動の一形態」（R.H. Turner & L.M. Killian, *Collective Behavior*, 3rd ed., Prentice-Hall, 1987）と定義しているが、この社会的行為の手引きとならなくなる契機として、社会不安を置いているのである。

社会的感染説と創発規範説は集合行動の出現に異なる調整メカニズムを置いているが、ともに社会不安の内実が相互作用を通して定義され、解釈され、ひとつの集合体の統一的な行動として顕在化していく過程を描いている。ここに社会不安とは既存の社会秩序の動揺や不適合として現れる外的な環境変化であり、個人的な心的状態を意味しない。つまり、後に行動を水路づける動機としての機能は想定されていない。それどころか、創発規範説では、参加者の動機自体が必ずしも同質ではないとする。行動の方向付けは、このように動機ではなく、参加者の相互作用過程を通じて決定されていくと見たのである。その意味において相互作用論的アプローチととらえることができよう。

二　動機としての不満

❊構造的ストレーン

相互作用様式や情動といった個人的要因から、より社会構造的変数に注視したのが、N・

J・スメルサー（Smelser, 1930- ）である。彼は、集合行動がある時代や社会に発生するのか、またその形態が特定の社会や文化によって異なることに焦点を当て、「構造－機能主義」の立場から「価値付加モデル」を提唱した（スメルサー、会田彰、木原孝訳『集合行動の理論』誠信書房、一九七三〔原著一九六二〕）。

この価値付加モデルでは、いくつかの条件が付加され、一般的な行動がより特定なものへと絞られていく過程として集合行動の多様性や異質性を記述する。スメルサーの例を援用すれば、鉄鉱石を原材料として種々の鉄製品が作られるが、圧延板、自動車のドアなど同じ鉄一トン当たりの価格は、生産工程を経るにつれて高まっていく。製品の付加価値は高まることになるが、同時に鉄鉱石は特殊化し、他の製品へと転化が難しくなっていく過程でもある。集合行動も段階を経る中で、発生やその形態が限定されていく「特殊化の過程」としてとらえた。

価値付加モデルは六つの決定素からなる。その第一の決定素が「構造的誘発性」と呼ばれる、特定の行動の取りやすさを規定している物理的環境や文化制約などのことである。たとえば、避難路が存在しなければ、パニックは生じようがない。第二の決定素は「構造的ストレーン」と呼ばれ、社会の中に存在する集団間摩擦であったり、脅威であったりする。第三に、「構造的ストレーン」の原因を解釈し、対応行動を指し示す信念が社会に共有されたときに特定の集合行動が発生すると考えており、その共有されている信念を「一般化された信念」と呼んだ。

しかし、これまでの三つの要素は比較的長期にわたり社会に内在しているものであり、特定の時点で集合行動が発生するには、この「一般化された信念」を確証する出来事が必要であるとする。これを「きっかけ要因」と呼んだ。さらに実際の集合行動では多くの人間が動員され、ある場合には大規模な集合行動へ、ある場合には小規模に、ときには動員に失敗して集合行動として生起せずに終わることになる。これらの五つが促進的な決定素であり、論理上、順序が構造的誘発性から動員へと経路を辿るものであるとするならば、第六の決定素である「社会的統制」は抑制要因であり、しかも、これまでの五つの決定素のすべてにかかわるものと位置づけられる。

このうち「構造的ストレーン」こそが、集合行動を生み出す、いわば動機としての不満ということになり、集合行動が噴出する前提にほかならない。しかし、ストレーンの原因や対応行動は人々から見て明らかではなく、解釈と共有化が必要となる。その役割を果たすのが、彼のモデルでは、「一般化された信念」ということになる。動機を解釈し、実際の集合行動への参加という個人的行動へとつながっていく。ここでは、動機は社会構造的変数と集合行動とを結ぶ中核的な概念となっている。

※豊かな社会の不満

この不満と集合行動の発生とに焦点を当てたのが、T・R・ガー（Gurr, 1936-）を中心とする「相対的剥奪論※」である。問題の出発は、一九六〇年代のアメリカに都市暴動が多発したことにある。なぜならば、一九六〇年代は「豊かな時代」であり、不満が低下するはずだ

※相対的剥奪論
相対的剥奪論では、一九六〇年代のアメリカ社会は豊かさを享受した時代とされるが、絶対的生活水準では豊かになったとしても、豊かになっていく過程で他の社会階層と比べて、相対的に低い層が存在し、それが剥奪感を生んだと説明する。

からである。このような豊かな社会における不満の分析に、現実の「充足水準」と「期待水準」との乖離という視点から挑戦したのが相対的剥奪論である。

相対的剥奪論では、成員が抱く期待と欲求充足の機会可能性の乖離が相対的剥奪の程度を規定し、相対的剥奪が大きくなると、「フラストレーション」を高め、結果として政治的暴力に結びつくと考える。そして、この期待と機会可能性との乖離は「通時的過程」と「共時的過程」とによって生み出される。通時的過程で述べられる仮説は、生活水準の経年変化に基づく期待と、現実の生活水準の到達レベルとが乖離しているときに不満が発生するというものである。たとえば、生活水準が一定して上昇した後に急速な低下が生じると、過去の体験に規定される期待と急落後の現実が乖離してしまうというのである。

また、共時的過程では、ある集団が正当に受けられるはずの水準と現実の獲得レベルとの対比に基づく。たとえば、他の集団と比べて、自集団の獲得水準が不当に低いと考えられるときに、相対的剥奪感が形成されるというのである。当然、この比較は個人間でも行われ、個人レベルでの相対的剥奪も生じうるが、集合行動を考えるうえでは、社会的共有化ないしは集団レベルでの「友愛型剥奪」を措定することになる。不満が個人レベルに留まっていれば、行動も個人レベルに留まり、政治的暴力にまでは発展しない。集団が相対的剥奪感を共有して、初めて集合的行動へと展開するはずである。このように、相対的剥奪論は、分配された財の客観的量ではなく、過去の体験に基づく期待と現実の差や比較の対象となる他の集団との相対的な差が不満の源泉であるとし、集合行動の動機的側面を分析したのである。

相対的剥奪論も、先の価値付加アプローチも、集合行動の発生に関する経年的変化に関心があった。経済状況などマクロな社会構造的変数から、集合行動への参加という個人レベルの行動を説明しようとした。きわめて単純化していえば、このマクロな社会構造的変数と個人的な参加とを結びつける媒介機能として、不満という動機ないしはその共有をモデルに組み込んでいるといえる。その意味で、両者を動機媒介論的アプローチともいいうるだろう。この動機こそが、秩序を打ち破る異質な、かつ激しい行動を支えると見ていたのである。

三　動員と不満の解釈

※動員の条件

不満を前提におく伝統的な集合行動論を批判したのが、社会運動論から登場した「資源動員論」者であった。彼らもまた、社会構造的変数を重視したが、「合理的人間モデル」から既存の集合行動論、ことに社会的感染説や価値付加アプローチ、相対的剥奪論に対して、非合理性を強調していると強く糾弾したのである。さらに、社会運動を集合行動のひとつの領域から切り離し、意図的な人間の営みとして「集合行為」という概念を採用していった。

彼らはまた、なぜ豊かな社会で社会運動が隆盛となるのかに関心をもっていた。しかし、資源動員論は、実は不満をもっているからといって社会運動に参加するわけではない、むしろ、人間は合理的であるかぎり、集合財[※]の獲得のために行動せず、「フリーライダー」となる

※**集合財**
メンバー共通の利益であり、各個人の貢献量に拠らずに全員に分配される性格をもつ財のことである。たとえば、労働組合は組織目標として賃上げをあげるが、賃上げの恩恵は組合活動への貢献度とは無関係に、全員に適用される。

ことを選ぶはずだ、という命題に立脚する。したがって、合理的人間モデルを前提とすれば、問われるのは不満の有無や程度ではなく、論理的には「フリーライダー」となるはずの人々が動員される諸条件の抽出だ、ということになる。

もうひとつ資源動員論者が注目したのは、「良心的構成員」の存在であった。ある社会運動の成果は、特定の層により大きな直接的利益を生む。しかし、その社会運動の成果から直接に恩恵に浴さないにも関わらず、参加する人々がいる。それを彼らは「良心的構成員」と呼んだのである。典型的には、非白人の権利擁護を支援する白人であろう。社会運動が国家レベルで展開されるようになるにつれ、資金面でも専門知識面でも多くの人の力が必要となってきた。したがって、これらの人が参加する過程は、理論的な問題であるばかりではなく、現実的にも重要な動因戦略分野となってきていたからである。

資源動員論者たちは、経済状況や「政治的機会」の程度、社会運動体の集団特性などから、これらの動員条件を分析した（ティリー、小林良彰訳『政治変動論』芦書房、一九八四〔原著一九七八〕）。経済状況についていえば、たとえば、経済的に豊かになれば、金銭的あるいは時間的な余裕が増すことになる。そうならば、社会運動に寄付したり、参加しやすくなる。ここに豊かな社会での社会運動の隆盛の原因を見たのである。「政治的機会」についていえば、集会やデモが認められている国では、意見を表明しやすいが、逆に、禁止されている国では障害が大きくなる。ここに、社会体制による社会運動の発生頻度の差を求めたのである。

資源動員論は、このような種々の働きかけや環境要因が社会運動への参加に必要であることを示してきた。他方、資源動員論では不満や社会不安という概念は説明力を失う。なぜならば、不満はいつでも存在するからである。したがって、不満があるだけでは集合行動は発生しない。その不満が社会運動という行動へと転化していく過程に注視したのが資源動員論にほかならない。

※不満の解釈

しかし、資源動員論内部から、イデオロギーや信念といった社会運動を支える側面への関心が浮上してきた。たとえば、B・ファイアマン（Fireman）とW・A・ギャムソン（Gamson）は、「チョコレートが嫌いでもチョコレート工場で働くことはできる」だろうが、「公民権に賛同していないのに公民権運動に加わるというのはあまりありそうもない」として、社会運動参加に信念が前提となると主張している（ファイアマン、ギャムソン、牟田和恵訳「功利主義的理論の再検討」塩原勉編『資源動員と組織戦略』新曜社、一九八九〔原論文一九七九〕）。

この問題に理論的に迫ったのがD・A・スノー（Snow, 1943- ）である。彼は、不満の存在や認知が直ちに行動に結びつくわけではないし、またそれほど明確なものではないという資源動員論の基本的立場を是認しつつ、漠とした不安や不満は、実は解釈を必要とするが、その解釈は相互作用過程を経て初めて可能であり、またその共有化もまた相互作用を免れないとした（D.A. Snow, E. B. Rochford, Jr., S.K. Worden and R.D. Benford, Frame Alignment Processes, Micromobilization, and Movement Participation, *American Sociological Review*,

51,1986, pp.464-481）。そのうえで、スノーはE・ゴッフマン（Goffman, 1922-82）の「フレーム概念」を援用し、社会運動体と潜在的構成員とを結びつけるための戦略を具体的に示した。それを「フレーム調整」と呼び、社会運動組織と潜在的構成員の目標の重視の仕方に応じて、四つの型に分類した。

第一が「フレーム橋渡し」であり、社会運動組織の存在を知らせることであり、第二が「フレーム増幅」であり、潜在的構成員がもつ価値の中で、社会運動組織が対象とする価値を強調し、動員しようとする戦略である。第三が「フレーム拡張」であり、社会運動組織が追求する価値と矛盾しないかぎりにおいては、潜在的構成員の価値を包含しうるように、自らの価値を拡張することで、より多くの潜在的構成員を引きつけようとする戦略である。そして第四が「フレーム変形」であり、社会運動組織の目指す価値と潜在的構成員の価値とが全く合わない場合、強引にでも潜在的構成員の価値を自らの運動目標に合うように変容してしまう戦略である。

ここでは、戦略の細かい紹介はできないが、ダイナミックな相互作用過程の中で、不満の解釈を提示したり、相互に結びつけ合うことの必要性を指摘したことは重要である。相互作用過程への注視は、集合行動論の研究領域では本流であった。前述したブルーマーはシンボリック相互作用論の生みの親であり、その弟子であり、かつ創発規範説を生み出したターナーとキリアンもまた相互作用過程に注目していたからである。ここにきて、不満は社会的に構築されるものであり、シンボルの操作を通して、社会に広く認識され、共有されていくことが再注目されてきたのである。

四　集合行動研究の今後

　これまで紹介してきたように、集合行動は、いろいろな視座からアプローチされてきた。百家争鳴ともいえる状態である。社会学や社会心理学にとどまらず、経済学や政治学との間に学際的な領域を生みだしてきた。しかし、残念ながら、より包括的で整合的なひとつの理論へと、歩みを進めてきたわけではない。山の頂きへ至るには、多様なアプローチがあり、異なる技術を必要とするように、集合行動へのアプローチも多様で、また異なる概念装置を採用してきた。山頂に至るアプローチが、それぞれが異なる景観を見せるように、多様な研究は、集合行動の異なる性質を描くのである。

　その関心を支えてきたのは、やはり集合行動現象自体の不思議さかもしれない。社会学としては、社会変動への関心に支えられてきた。社会というものは固定した、揺らぎのないものではない。一定の秩序をもちながら、常に流れ、変貌していく、ダイナミックなシステムなのである。

　しかし、現時点では、集合行動研究は、やや下火といってよい。正確にいえば、包括的な研究から、個々の領域ごとに個別化しつつあるように思われる。それが社会運動や災害研究などである。今後、集合行動が新たな展開を見せるには、新たな集合現象の発見と、その現象に迫る理論的装置の開発だろう。

たとえば、冒頭に紹介した「アラブの春」の事例であろう。インターネット時代の動員の様式と祝祭的と評された参加形態は、新たな集合行動としての特徴を示しており、また新たな理論的挑戦を要請しているように思われる。インターネットや携帯電話は、新たな社会関係を生みだしているように見える。少なくとも、新たな関係づけをもたらすツールではある。このような集合行動の新たな特質を見る眼差しは必要であろう。

理論的には、マクロな動向と個人や集合レベルとの関連づけが必要であり、その意味でも、スノーらの試みは注目されてよいように思われる。二一世紀の集合行動の特徴は、インターネットを通じた状況や不満の解釈と共有、そして動員、そして、ある意味、参入とともに撤退をも容易とする祝祭的性質を帯びるのかもしれない。

Q&A

Q 集合行動論と集合行為論とはどう違うか。

A

集合行動論では、社会運動から流行や流言、集団ヒステリーに代表される非合理的な行動までを等しく扱ってきた。そのために、社会的感染説の社会的感染や価値付加アプローチの「短絡」といった非合理性を説明モデルに組み込んでいる論が多い。これに対して、集合行為論者は、もっぱら社会運動あるいはその原初的形態ともいいうる都市暴動に限定的に着目する。この対象の違いに加え、集合行為論者は学生運動などの社会運動を自ら主催し、社会運動を活性化させ、目標を達成しようと試みた者も多い。したがって、集合行為論者からみれば、集合行動論は社会運動を規制する権力的イデオロギーであることになる。

二〇世紀前半の集合行動論は、二〇世紀後半には社会運動に注視する過程で集合行為論へと理論的視座を転回させていった。この潮流は元に復することはないだろうが、社会運動・社会変革の母体ともなる社会問題の析出過程や電子メディアを介した動員過程においては、安易な人間の非合理性や支配的視座を排しながらも、集合行動論において生み出されてきた説明概念をも取り込みつつ、次なる理論構築へと向かう必要があるだろう。

ブック・ガイド

田中淳、土屋淳二『集合行動の社会心理学』北樹出版、二〇〇三。

日本語では唯一といってよい集合行動論に関する包括的な概説書であり、世界的にみても最も幅広く理論とその背景を網羅している。

J・B・ペリーJr.、M・D・ピュー、三上俊治訳『集合行動論』、東京創元社、一九八三（原著一九七八）。

入門書として平易に書かれているが、一九七〇年代までの集合行動論と災害社会学を概観している好著。

塩原勉編『資源動員と組織戦略』新曜社、一九八九。

資源動員論に関して、理論的概括とともに、代表的な六編の原論文の邦訳も収録しており、資源動員論の手引きとして最適な著。

第六章　「つながり」と社会――個人化・共同性・公共性

一　大衆化と共同性

❊甲羅のない蟹

一九世紀末から二〇世紀初頭にかけて、近代社会の成立にともなう急激な産業化・都市化にともなって、血縁や地縁などに基づく従来の伝統的な共同性※が弱体化しつつあるという現象が、多くの社会学者によって問題視されるところとなった。伝統的な社会では、同じ慣習や伝統のもとに同じ価値観や行動様式を共有しているという意味で「共に同じ」であることが、人々に生活の指針や人生の意味を与えていた。近代化にともなうこうした生活基盤の弱体化に、危機意識が抱かれたわけである。

たとえば、古典的な集団類型論として著名なF・テンニース（Tönnies, 1855-1936）のゲマインシャフトとゲゼルシャフトをめぐる議論の基底にも、こうした危機意識が存在した。集団形成の主軸が、共同性に依拠するゲマインシャフトから、相互の利害打算に基づき、「あらゆる結合にもかかわらず分離している」といわれるゲゼルシャフトへと移行しつつある、というのがテンニースの時代認識であった。また、近代化の特質を、合理的な思考様式や組織原理の、社会への浸透に見出したM・ウェーバー（Weber,1864-1920）も、合理化過程の

※**共同性と公共性**
「共同性」や「公共性」という概念は、社会学に限らずさまざまな学問分野において、文脈に応じて多様な意味で用いられている。ここでは、同質的な構成単位が「共に同じ」であることに依拠して形成する関係性を「共同性」、異質な構成単位が「公を共に」つくることに依拠して形成する関係性を「公共性」と呼ぶことにする。

進展による「呪術からの解放」によって、人々に共有され、共同性構築の基盤となっていた宗教的、あるいはそれに準じる伝統的な信念が非合理的なものとして退けられていくことが、同時に、生や死の意味喪失をもたらす、と指摘していた。

もちろん、こうした共同性が、近代化とともに消滅してしまうわけではない。しかし、その弱体化によって、人々は生活のより所を失っていく。K・マンハイム※（Mannheim, 1893-1947）は、共同性による人々の絆を「甲羅」に例えたうえで、それを引き剥がされ、あまりにも脆弱で不定形な姿を外気にさらす人々を「甲羅のない蟹」と呼んだ。

※大衆社会

マンハイムが「甲羅のない蟹」に例えたような人々は、不特定多数の大量の人々の塊、「大衆」として姿を現す。第二次世界大戦を挟む二〇世紀の半ば、大衆が社会的勢力となる大衆社会に注目する議論が盛んとなる。

大衆と呼ばれる人々は、一方では、伝統的な共同性から離脱すると同時に、他方では、合理化された組織に組み込まれていく。しかし、そうした組織には、ウェーバーが「形式的合理性」、マンハイムがほぼ同様の意味で「機能的合理性」と呼んだ原理が浸透している。機能的合理性とは、一連の行動が、あらかじめ与えられた目標を達成するために最も効率よい形で組織されており、その結果、予測可能なものとなっている、という意味での合理性である。このような合理性が貫徹する組織の中で、人々は、いわば「機械の歯車」のように活動する

※マンハイム
(Karl Mannheim)
（一八九三－一九四七）

ハンガリー出身の社会学者。後にドイツ、イギリスに亡命する。知識の「存在拘束性」に注目し、知識の社会的構成を明らかにする知識社会学を確立した。また、ファシズムの台頭と近代社会の病理を分析する時代診断論・社会計画論でも知られる。著書に『イデオロギーとユートピア』（一九二九）、『変革期における人間と社会』（一九四〇）、『現代の診断』（一九四三）などがある。

ことになる。しかし、その際、人々は自らの活動が組織全体、またその組織が組み込まれている社会全体において、どのような位置を占め、またどのような意味や価値をもっているのかということを理解しているという意味での「実質的合理性」を失っている。むしろ、人々は、そうした理解をする努力を放棄してしまう。マンハイムはこれを「機能的合理化の判断力麻痺作用」と呼んだ（マンハイム、福武直訳『変革期における人間と社会』、みすず書房、一九六二〔原著一九四〇〕）。

結局のところ、機能的に合理化された組織にあって、人々は、共同性から引き剥がされ、自分が属する社会についての判断力が麻痺してしまった「原子化」した大衆として浮遊している。こうした状況には、結果として、組織や社会にかかわる決定権が、少数の権力者に集中していく可能性がはらまれている。また、マス・メディアが提供するステレオタイプ化されたイメージは、ときとして、大衆を特定の方向へと大きく押し流していく可能性を宿している。

※共同性への逃走

大衆化という現象は、近代社会全般を特徴づけるものとして論じられていた。ただ、マンハイムをはじめとする多くの論者の念頭にあったのは、第二次世界大戦中のドイツ支配圏における、A・ヒトラー（Hitler, 1889-1945）のナチスによる独裁政権の誕生である。なぜ人々は自ら進んで独裁者に同調していったのか、ということが問題となる。

マンハイムは、先に述べたような状況に加えて、「基本的民主化」の進展によって、投票権を携えた大衆が政治の場になだれこんだことに独裁制成立の一因を見出した。また、E・フロム※（Fromm, 1900-80）は、第一次世界大戦の敗戦の後、従来の政治体制の大きな転換と伝統的な権威の失墜を体験した人々が味わっていたであろう「自由」に注目した（フロム、日高六郎訳『自由からの逃走』東京創元社、一九五一〔原著一九四一〕）。人々はたしかに自由であったが、それはこれまでの権力・権威からとりあえず自由になったという意味での「……からの自由」であって、求めて得られた「……への自由」ではなかった。経済状況が悪化していくなか、そうした自由にあって、人々は徐々に、自由ではあるが、不安感・孤立感・無力感を感じるような心境、「自由の重荷」を感じるような状態、そして、むしろ「自由から逃走」し、新たなる束縛・従属を求める方向へと向かいつつあった。このように大衆の側に受け皿が既に用意されていたところに、望まれていた最上のイメージを提供したのがヒトラーであった。

ヒトラーがメディアを駆使して人々に提示した「民族」や「国家」のイメージは、新たなる共同性の夢を人々に与え、そこへと向けて人々を動員するものであったといってよいだろう。ただ、それはまた、伝統的な共同性の弱体化という社会の基本的な動向に目をつぶり、代わりに、きわめて排他的で攻撃的な共同性を意図的に形成するものでもあった。

※フロム（Erich Fromm）（一九〇〇―八〇）

ドイツ出身の社会学者、社会心理学者。後にアメリカに亡命し、さらにメキシコ、スイスに移住する。フロイトの精神分析とマルクスの社会理論を批判的に摂取し、「社会的性格」の分析へと展開した。著書に、『自由からの逃走』（一九四一）、『正気の社会』（一九五五）、『愛するということ』（一九五六）、『破壊―人間性の解剖』（一九七三）、『生きるということ』（一九七六）などがある。

二　個人化と公共性

※個人化の進行

第二次世界大戦中の日本においても、国家を「一大家族」と見なし、親への孝行と天皇への忠誠を同一視する「家族国家観」に象徴的にみられるように、国家を中心とした共同性へと人々を動員する動きがあった。戦後、過疎化・都市化により地域共同体が弱体化していくなか、終身雇用制・年功序列制・企業内福祉・企業別組合を柱とするいわゆる日本的経営を基調とする企業が、社員やその家族を公私にわたって丸抱えする代替的な共同性を体現した。そこでは、「会社人間」として「滅私奉公」することがまた称揚された。

社会学的な議論においては、戦時下の情況に関する反省から、主体的に政治に参加する「市民」や理性的に世論を形成する「公衆」の重要性が指摘されると同時に、こうした市民や公衆が、非合理的な大衆に変質してしまい、大衆操作にさらされる危険性もまた指摘された。ただこの後、注意が向けられるようになるのは、むしろ、さまざまな共同性から離脱していく人々の動きである。

とりわけ一九七〇年代以降、公的な社会的・政治的事象には無関心で傍観者的態度をとり、むしろ、私生活への関心を優先させる「私化（プライバタイゼーション）」の傾向が注目されるようになる。当時の「マイホーム主義」という造語にも象徴されるように、家族生活とその中での娯楽や消費の享受を第一に考えるという、いわば「滅公奉私」的な人生観、ライフスタイルの台頭である。

さらに、とりわけ一九九〇年代以降、「個人化」の傾向が指摘される。未婚率や離婚率、単独世帯の増大、また「個食」や「ホテル家族」といった表現にもみられるように、もはや家族（＝マイホーム）単位ではなく、個人単位でものを考えるライフスタイルが浸透し始める。家族に限らず、たとえば、企業においても、非正規雇用（終身雇用ではなく）の増大や成果主義的評価（年功序列ではなく）の導入など、従来の日本的経営は徐々に姿を変えつつある。

※他人指向型

アメリカにおいても、一九七〇年代以降、私化や個人化の進行に対する批判的な見解が現れる。R・セネット（Sennett, 1943-）は、あらゆる社会関係の真正さを、他者との親密さや個人の内的な心理的関心への近さによってはかろうとする傾向を、「親密さのイデオロギー」と呼んだ。また、R・N・ベラー（Bellah, 1927-2013）は、自己の世俗的利益のみを追い求める功利的個人主義と、自己の心理的満足のみを追い求める表現的個人主義という、社会に根をもたない「弱い個人主義」の過度の浸透に警鐘を鳴らした。

個人化の進む社会における関係性の様相を考えるうえで、D・リースマン※（Riesman, 1909-2002）が現代社会に特徴的な性格類型とした「他人指向型」の概念が参考になるだろう（リースマン、加藤秀俊訳『孤独な群衆』みすず書房、二〇一三〔原著一九五〇〕）。伝統

※リースマン
（David Riesman）
（一九〇九－二〇〇二）
アメリカの社会学者。ハーバード大学で教える。大衆社会、消費社会としての近代アメリカ社会に関する鋭い分析・批評で知られる。著書に、『孤独な群衆』（一九五〇）、『個人主義の再検討』（一九五四）、『何のための豊かさ』（一九六四）などがある。

指向型や内部指向型と対置される他人指向型は、意志や行動の決定に際して、伝統でもなく、自己の内部の価値観でもなく、他人の動向に依拠する。他人指向型の人間は、他者と同じ価値観を共有しているなど、他者と「共に同じ」であることを前提とできないからこそ、他者の動向を自らの「レーダー」でたえずモニターしながら、進路を定めることを強いられる。しかし、他者の動向自体、流動的なものであり、モニタリングの作業にも終わりはなく、人々は内面的な不安を常に抱いている。人々は群れてはいても、孤立した「孤独な群衆」なのである。こうした孤独はときとして、人々を、特定の人物や集団に過剰同調する道へと誘っていく。

※公共性という視点

私化や個人化の進行が指摘されるなか、とりわけ一九九〇年代以降、日本において「公共性」をめぐる議論が活発になる。「無縁社会」といった言葉や「孤独死」が語られるなかで、また、東日本大震災などの災害を経て、あらためて、われわれの「つながり」のあり方が問題となる。公共性をめぐる議論の場合、「私」を越えた「公」的なつながりやそれに対する感覚が問題になっているわけだが、従来、日本では、公的な事柄は政府・行政にかかわることとしてイメージされることが多かった。ここでは、「公」と「私」の関係のあり方が、新たな形で問題となってきている。

従来の大衆社会論においても、同様の問題が、「中間集団の無力化」をめぐって議論されていた。C・W・ミルズ※（Mills, 1916-62）は、一九五〇年代、経済・政治・軍事の三領域の頂点に位置し相互依存する「パワー・エリート」が、アメリカ社会における実質的権力を握っていると論じた（ミルズ、鵜飼信成、綿貫譲治訳『パワー・エリート』東京大学出版会、一九六九〔原著一九五六〕）。そして、エリート層と個人・家族を媒介し、個々人の意志を政治的決定に反映させる役割をはたす中間集団、とりわけ、自発的結社（ヴォランタリー・アソシエーション）は、無力化するか、あるいはそれ自体、巨大組織と化してしまっている。ミルズによれば、中間集団は公と私を媒介する機能を失い、個人は、パワー・エリートが先導するメディアによって提供される画一化されたイメージを、ただ受けとるだけの存在になってしまっている。日本においても、業界団体などの中間集団が、既存の政治権力に取り込まれてしまう傾向が指摘されてきた。

ただ、公共性をめぐる議論においては、同質的な共同性を、たとえば新たなる中間集団の再興、あるいは国民共同体の復興といった形で再構築することが主たる問題となっているわけではない。むしろ、問題となっているのは、個性化・個別化した異質な個人や集団が、それでも、なおかつ「公を共に」つくる際の関係性のあり方である。こうした議論は、政治のあり方、教育のあり方、地域社会のあり方など社会の各領域において具体的に問題となってくるし、環境問題や民族問題に関しては、単一の国や文化の枠を越えた広がりをもつものとなる。

※ミルズ（Charles Wright Mills）（一九一六―六二）
アメリカの社会学者。コロンビア大学で教える。アメリカの大衆社会的状況を批判的に分析すると同時に、体制順応的な同時代の社会学をきびしく批判し、「社会学的想像力」の復権を唱えた。著書に、『ホワイト・カラー』（一九五一）、『性格と社会構造』（一九五三）、『パワー・エリート』（一九五六）、『社会学的想像力』（一九五九）などがある。

三　情報化と公共圏

※公共性の構造転換

公共性に関する古典的な議論として、「公共性の構造転換」をめぐるJ・ハーバーマス[※](Habermas, 1929-)の議論がある(ハーバーマス、細谷貞雄、山田正行訳『公共性の構造転換』第二版、未來社、一九九四〔原著一九九〇〕)。ハーバーマスによれば、一七世紀から一八世紀にかけてのヨーロッパにおいて、政治新聞・雑誌の普及により「政治的公共性」が形づくられた。これは、もともとは、コーヒーハウスや社交サロンや会食クラブに集まった貴族や市民が、互いの社会的地位を度外視して、芸術などについて公共の場で議論を戦わせた「文芸的公共性」に端を発するものであった。政治的公共性においては、マス・メディアが公共の討論を行い、それを集約する場として、また、特権階級に対して政治的闘争を行う手段として機能した。しかしながら、一九世紀後半以降、マス・メディアは商業化し、刺激や気晴らしを提供して人々の批判的意識を鈍化させるものとなってしまった。マス・メディアの作り出す世界は、もはや見かけ上の公共性に過ぎず、公共性は構造転換した、とハーバーマスは述べる。

ここでハーバーマスが問題にしているのは、公共性そのものというよりは、むしろ、公共性を実現するための空間、コミュニケーションの場である。このような意味では「公共圏」

※ハーバーマス(Jürgen Habermas)(一九二九-　)
第一章脚注参照(一二頁)

という語もよく用いられる。かつて文芸的公共性や政治的公共性を培った市民的公共圏、すなわち、個人の属性にとらわれない対等性と、誰でも関与できる公開性、そして、既存の権力からの自律性を備えた討議やコミュニケーション活動の場が、現代社会においては解体してしまっている、というのがハーバーマスの診断であった。

※公共圏という空間

では、現代社会において公共圏が再構築されうるとすれば、それはどのような形をとることになるだろうか。こうした観点からたびたび言及されてきたのが、インターネットとNPO(非営利組織)である。

コンピュータや携帯端末を相互に結びつけるインターネット上のネットワークは、メールやメーリング・リスト、掲示板、ブログ、各種のSNSなどを通じて、時間や場所の制約を越えた、参加者の属性を問わない、対等で自律的なコミュニケーション空間を開く力をもっている。またNPOは、福祉や教育、まちづくりなどの社会的活動に従事しつつも、企業のように私的な収益をあげることは目的としておらず、他方、政府など従来の公的組織とも一線を画しており、ヴォランタリーな活動を集約する自律的な活動空間を開く力をもっている。

ただ、こうしたことは、あくまでも「可能性」としてである。インターネット上のコミュニケーションが、その自由で拘束されない性質がゆえに、むきだしの欲望や衝動が露出する場に変質したり、あるいは、閉鎖的で排他的な小規模コミュニケーションに断片化したりしていく可能性もある。ＮＰＯ活動にも、行政との関係を深めていくなかで、自律性が失われていく可能性がある。

※公共性のゆくえ

インターネットやＮＰＯは、無条件に公共圏を成立させうるものではない。さらに、公共圏は公共性を実現させうる場であって、公共性そのものではない。異質な構成単位が「公を共に」つくることに依拠する関係性という意味での公共性は実体的な場ではない。公共性は、「公」と「私」を媒介する実体的な場というよりは、むしろ、公的な場面においても私的な場面においても存在しうる関係性である。インターネットやＮＰＯ、さらには公共圏は、そうした公共性を顕在化させる大きな可能性を秘めた、ひとつの回路なのである。

公的組織においてであれ、私的空間においてであれ、そこでの成員の考え方や振る舞いが、自分とは異質な他者とのコミュニケーションに開かれてあれば、そこにこそ公共性の契機が宿るといえる。このような意味での公共性を有するつながりを、社会の各領域においてどのように培っていくかということが、二一世紀社会の大きな課題となるだろう。

Q&A

Q

「原子化」、「私化」、「個人化」は、それぞれ伝統的な人々の絆やつながりが、近代化とともに弛緩し、脆弱化したという事態を意味する概念であるが、それぞれの概念の差異はどのような点にあるのだろうか。

A

原子化の場合は、村落共同体のような前近代的な共同体から離脱した人々が問題となっていた。ただ、そうした人々は、たとえば都市部の企業や工場に組み込まれ、その意味では新たに組織に所属するが、そこで本質的な精神的紐帯を得られていないことが問題となる。私化の場合は、そうした組織に属する人々が組織から距離をとり、それとは異なる集団、たとえば家庭での私的生活に精神的な拠り所を見出すことがはらむ可能性と危険性が問題となっていた。このように、原子化や私化の場合は、個々人がばらばらになっていくことが問題視されるものの、企業や家族といった比較的安定した集団の存在が前提になっていた。それに対して、個人化の場合は、こうした企業や家族など、安定した形で自分を保護してくれる集団がもはや存在していないのではないか、という点が問題となっている。

日本社会に関して、図式的にまとめるなら、一九五〇〜一九六〇年代の状況を原子化、一九七〇〜一九八〇年代の状況を私化、一九九〇年代以降の状況を個人化の概念によって特徴づけることができるだろう。

ブック・ガイド

J・ハーバーマス、細谷貞雄、山田正行訳『公共性の構造転換』第二版、未來社、一九九四（原著一九九〇）。

さまざまな側面から多様な形で現在議論されている公共性・公共圏をめぐる言説のひとつの基盤となる枠組みをつくったといえる古典的著作。

E・フロム、日高六郎訳『自由からの逃走』東京創元社、一九五一（原著一九四一）。

「自由」という、基本的に肯定的に評価される精神的状態が、いかにマイナスの効果をもたらしうるかを論じているという点で、現代社会の諸問題を考えるうえでもさまざまな形で応用可能な古典的著作。

K・マンハイム、福武直訳『変革期における人間と社会』みすず書房、一九六二（原著一九四〇）。

ユダヤ人であるがゆえにドイツからの亡命を余儀なくされたマンハイムが、亡命地イギリスにおいて増補し完成させた古典的著作。そこではドイツで独裁制を成立させた社会的情況が、ドイツに限らず、広く近代社会全般において共有された構造的問題として描き出されている。

第七章　ジェンダーと現代―性の束縛からの解放

一　セックスとジェンダー

※文法用語「ジェンダー」

ジェンダーという言葉は、元々は文法用語である。インド・ヨーロッパ語族の言葉には、男性、女性、中性の区別があった。この区別は、英語などではほぼ消滅したが、現代でも、ドイツ語などでは残っている。たとえば、ドイツ語では山（Berg）や川（Fluss）は男性名詞であり、太陽（Sonne）や雲（Wolke）は女性名詞である。ジェンダーとは、はじめはこうした言葉にある性別を意味していた。

ところで、なぜ山や川が男性に結びつけられ、太陽や雲が女性に結びつけられたのだろうか。そこには、その土地の自然環境と結びついた意味世界、すなわち風土の問題がある。日本では、「山の神」は一般的に女性である。山の神は、春に山から里に下りてきて田の神になり、秋になると山に帰ると信じられている。つまり、山の神は実りをもたらす「産神（うぶがみ）」なのである。ここには、日本の山が、水はもちろんのこととして、獣や鳥や魚、キノコや山菜や木の実などの食糧をもたらしてくれる豊かな土地であったという事情がある。

ドイツ語で山が女性名詞ではなく、男性名詞なのは、日本とまた違った自然環境とそれに応じた生活があるからだろう。ジェンダーとは、いわば人間が生活の中で勝手に作り出した意味の性差である。それは社会的、文化的なものであるから、当然、地球上の地域によってそれぞれ異なっているし、時代によっても変わる。たとえば、昔の英文法の教科書には、船（ship）を代名詞で言い表す場合は、she（女性代名詞）を使えと書いてある。しかし、今は特別な場合を除いてit（中性代名詞）である。

社会学は、ジェンダーを文法用語としてではなく、こうした社会的、文化的な性差として再定義して、社会分析の道具として利用するようになった。ジェンダーという言葉は、もはや文法用語としてではなく、社会問題を考えるための言葉として用いられることのほうが圧倒的に多い。

二　政策課題としてのジェンダー

※法と行政

日本社会は戦後女性の地位向上を進めてきたが、二〇世紀末からその流れはより強くなっている。多くの、とくに女性たちの力によって、［7－1］に示すように、さまざまな法整備がなされた。また二〇〇一年には、内閣府の設置にともない、それまであった男女共同参画室を男女共同参画局に改組して、国としての推進体制も強化された。世紀末にできた男女共同参画社会基本法が、地方自治体による男女共同参画社会の形成の促進について、各自治体の「責務」と規定したこともあって、二一世紀に入って、全国各地の自治体において男女共同参画にかかわる条例や計画がつくられることになった。二一世紀になって、フェミニズム運動の主たる舞台は中央から地方へ移った感がある。

地方自治体では、幹部職の女性の割合を増やしたり、審議会などに女性委員を一定数確保するようにしたりしている。また、それぞれの地域にある企業や自治会などの住民団体、そして、市民への啓発活動も行われている。こうした活動は、少しずつではあるが、それなりの成果をあげてきているといってよいだろう。

※文化を変える

しかし、注意すべきなのは、「ガラスの天井」[※]という言葉があるように、単に制度を変えればよいという問題ではなく、女性の社会参加の増加が、それだけで従来のジェンダーの変化を必ずしも意味しないということである。女性の社会参加が進み、社会制度が変わったとしても、古い文化は根強く生き続け、根幹はそのままで、枝葉の部分だけをわずか変化させるだけのこともある。

例を挙げよう。子育ての分野は、女性の社会進出が比較的進んでいる

7-1　ジェンダーに関連した法律

男女雇用機会均等法	1985年成立　1986年施行 1997年改正　内容強化 1998年　母性保護規定施行 1999年　全面施行 2006年改正 2007年施行　ポジティブアクション等
育児休業法	1991年成立　1992年施行 1995年　育児・介護休業法に改正 1999年　全事業所へ義務化 2001年改正　啓発規定追加 2002年　不利益禁止規定施行 2009年改正　男性の取得推進等
男女共同参画社会基本法	1999年

分野である。女性の学校長、女性のＰＴＡ会長も珍しくはない。しかし、ＰＴＡ役員を決めるに当たって母親よりも父親が任命されやすいのは関係者の常識である。また何かトラブルが起きると、トップが女性だからと説明されることも珍しくない。こういう話もある。男性看護職者が、精神科で暴れる患者の対応を頼まれた。彼は相手に話しかけて落ち着かせようとした。ところが、女性スタッフから、「そんなのは私たちができるんだ」「それ以外のものをしてほしくて呼んだのに」と、力で押さえつける役割を期待されたという（矢原隆行「男性ピンクカラーの社会学」『社会学評論』二三二、二〇〇七）。

これまで男性ばかりで担われていた集団に女性が加わったり、逆に、女性ばかりで担われていた集団に男性が入ることは、男女共同参画の観点から望ましいことだろう。それはそれとして評価されるべきことではあるが、社会学的に言って、より重要な問題は、そこでどのような役割が男女双方に割り当てられ、どのような意識で、どのような相互行為が行われているかということである。そうした深部を見ないかぎり、従来型のジェンダーが変わったとはいえないだろう。新しい男女共同参画社会とは、形式的な参加で実現されるものではないし、またそうであってはならない。

先に述べたように、ジェンダーは社会的、文化的に形成されたものである。今日、日本社会で行われている「男女共同参画社会の形成の促進」事業は、たんなる社会改革ではなく、まさにこれまでの文化を変えようとする運動だと見なすことができる。文化の多くは意図的に形成されたものではない。意図せざる結果として形成され、変化してきた場合がほとんど

※ガラスの天井

アメリカにおいて、企業内の女性が昇進したり出世する際に、機会が可能性としては開かれているにも、実際は難しいことを言い表した言葉。この言葉は、女性が能力を十分に発揮するためには、単に法律や規則を整備するだけでは不十分であり、より広範な社会的な合意と条件整備が必要であることを明らかにしている。

であろう。だから、これは難事業である。

よく知られているように、M・ウェーバー（Weber, 1864-1920）は、社会的行為を四つの理念型で理解しようとした。ジェンダーはこのうち、伝統的行為に深く関わっている。ウェーバーは、伝統的行為を「意味的行為を有する行為と呼び得るものの正に限界」にあるものであって、「見慣れた刺激に出会った途端に、以前から身についている態度のままに生ずる無意識の反応に過ぎぬことが非常に多い」、と述べた。しかしまた、彼は、伝統的行為は意識的に維持されることもあるとして、「単なる慣習のもつ安定性というのは、主として、周囲の多くの人たちの行為が現実に慣習の存続に関心をもち、それに従った態度を取っているため、自分の行為を慣習に従わせない人間は不適切な行為を行う結果になり、大小の不利益を蒙らざるを得なくなるということから来ている」とも述べた（ウェーバー、清水幾太郎訳『社会学の根本概念』岩波文庫、一九七二〔原著一九二二〕）。

男女共同参画社会への歩みは、こうした伝統的行為との軋轢を避けて通ることはできないだろう。

三　歴史の中のジェンダー

※つくられたジェンダー

今日の日本社会におけるジェンダーの問題を考えるとき、まず確認すべきは明治期になされた国民教育の影響である。近代国家は男女の区別を強調した。男性には一家を支える大黒柱の役割を担わせ、女性にはそれを支える良妻賢母になるように仕向けたのである。明治時代の尋常小学校の修身の教科書には、「男子の務と女子の務」として、こう書かれている。

「男子は成長の後家の主人となりて職業を務め、女子は妻となりて一家の世話をなすものにて、男子の務と女子の務とは其の間に異なる所あり。修身の教は男女共に守るべきものなれども、特に男子は剛毅果断にして女子は温和貞淑なるをよしとす。知識をひろむることも男女に均しく大切なることなれば、各々其の分を尽くすに必要なる知識を収得すべし。女子は男子よりも体力弱ければ、男子は女子をいたはるべきなり。又世には女子を男子より劣れりと思うものあれども、大いなる心得違なり。女子も男子も同じく万物の長にして、ただ其の務を異にするのみ。女子が内に居て一家の世話をなし、家庭の和楽を図るはやがて一国の良風美俗を造る所以なり。女子の母として子供を育つることの良否は、やがて其の子の人となりに影響し、延いては国家の盛衰にも関係するものなり。されば女子も男子と同じく己が務の大切なることを思い、常に其の本分を全うせんとすることに心掛くべし。」

（文部省『尋常小学校修身書』巻六　児童用、一九〇四－一〇）

よく誤解されがちなことだが、戦前の教育は、女性を男性よりも劣ったものとしたわけではない。上述のとおり、修身の教科書ではそれを明確に否定していた。そうではなくて、戦前の教育は、「男子の務」と「女子の務」を区別して、女性の役割を家庭内に閉じ込めたというのが正しい。

上野千鶴子（1948-）は、こうした体制は戦後も引き継がれたと考える。男がサラリーマンとして外で働き、女は専業主婦として家事育児をする役割が生まれたというのである。上野はそれを産業軍事型社会の性別分業システムだとしている［7-2］。（上野千鶴子『家父長制と資本制』岩波現代文庫、二〇〇九〔原著一九九〇〕）

四　現代社会のジェンダー

それでは現代社会においてジェンダーはどうなっているのだろうか。先に述べたように、昔とは違って女性の社会進出は進んだし、男性の家事、育児参加は、カジダン、イクメンという言葉があるように、さして珍しいものでもなくなった。しかし、そうした男女共同参画の背後にある「男らしさ」「女らしさ」の問題は、あまり変わっていないように思う。そのことを子ども向けの人気テレビ・アニメを題材にして考えてみよう。

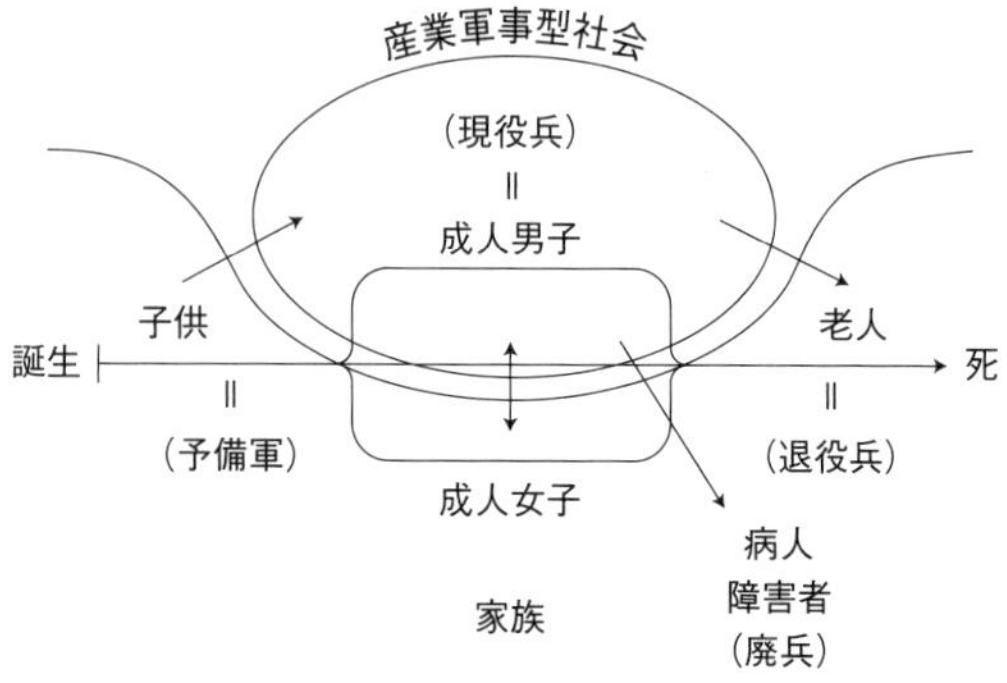

出典：上野千鶴子『家父長制と資本制』岩波現代文庫，2009，11頁.

7-2　産業軍事型社会のしくみ

※『クレヨンしんちゃん』のジェンダー

『クレヨンしんちゃん』（臼井儀人作）の主人公、野原しんのすけは、郊外の一戸建に両親と妹のひまわりと暮らしている。父は会社員、母は専業主婦である。彼の服装は、半ズボンとシャツという、きわめてシンプルないで立ちである。彼は自分のことを「おら」と呼び、父を「とうちゃん」、母を「かあちゃん」または「みさえ」と呼ぶ。彼の父親は、妻を呼び捨てにするが、さすがに自分を「おら」とは言わない。しんちゃんは、父親以上に伝統主義、換言すれば田舎的である。これは、彼の価値観にも現れている。

話の中で彼が虚仮にするのは、友達の風間くんのように近代主義的、都会的な人物である場合が多い。彼の興味は、女性と下半身にある。大人の女性に失礼な言動を繰り返す。また、自らもおしりや性器をさらし出して、「ぞうさん」のまねをする。大人がやったら間違いなくセクシャル・ハラスメントだろう。しかし、女性は彼の憧れの的であり、守る対象であり、ときに甘える対象でもある。

彼が戦う相手は、自分よりも強いものである。それは第一に母親であるが、この戦いは常に敗北に終わる。しかし、母親以外の強い対象である場合には、彼の戦いは常に勝利し、彼にかかわった悪者は十二分の制裁が加えられる。彼の武器は言葉と知恵である。彼は幼稚園児であるという地位を利用して、数々の舌禍事件を引き起こす。彼は、集団的な行動を好まないが、友達と一緒に行動する際にはリーダーシップをとる。彼のあこがれは「アクション仮面」という架空のヒーローであり、彼は孤高の正義の味方であることを望んでいる。

以上、しんちゃんの行動に現れた特徴をまとめると次の諸点を指摘できる。まず、伝統主義である。第二に性的関心の高さ、第三にパターナリズム※、第四に反権力主義、第五に非暴力主義、第六に高いリーダーシップ、第七に英雄主義、そして第八に正義感が強い。

※『美少女戦士セーラームーン』のジェンダー

次に、女性ジェンダーがよく描かれている例として『美少女戦士セーラームーン』(武内直子作)という人気作品を考えてみよう。このアニメの主人公、月野うさぎは、「ドジで間抜けな女の子」である。彼女は、セーラームーンに変身して悪と戦うのだが、黒猫のルナや四人(+α)のセーラー戦士たち、そしてタキシード仮面が彼女に加勢する。

彼女は変身前も後も、よくセーラー服で登場する。髪はかなり長く頭上でまとめているものの腰まで伸びている。彼女が悪と戦うときは、仲間が危機になった場面である。つまり、戦いは常に仲間を守るためという正当性をともなって行われる。その結果、仲間を救った時点で話は終結し、敵をそれ以上追うことはない。

戦いは常に、ひとりの敵に対して、四人(+α)の仲間で立ち向かう。まるでいじめである。そのくせすぐ負けそうになるのだが、そうしたピンチにはタキシード仮面が現れる。彼の正体は、変身前のうさぎの恋人、地場衛であり、バラの花を投げるという、しごく簡単な攻撃で相手をひるませ、セーラームーンに必殺技を繰り出すチャンスを与える。

※パターナリズム
父親が子どもに対するような統制をともなった庇護的態度を指す。男は女と子どもを守るべきだ、女と子どもは守ってくれる男に従うべきだ、という考えということもできる。こうした考えは、「男らしさ」として今日でも一定の支持を集めている。しかし、メンズリブ運動は、それが男性にとって心理的重圧となる場合もあることを指摘している。

また、セーラームーンと戦う相手は、奇っ怪な姿をしているものの、ほとんどが女性（メス？）である。敵はセーラームーンに倒されると、跡形もなく消滅する。そのことによって戦闘の残虐性は見事に隠蔽されている。戦い終わると、大抵、場面は以前と変わらない日常に切り替わり、そこでは、うさぎの怠惰な姿が描かれる。うさぎは「ドジで間抜け」であることを自覚していて、権威あるものへのコンプレックスを隠そうとしない。しかし、実は、前世においてて彼女はプリンセスであって、セーラー戦士たちは彼女の家来であったという設定になっている。

以上の月野うさぎ＝セーラームーンの行動特徴は、次のようにまとめることができよう。まず、保守主義である。第二に実感主義、第三に平和主義、第四に集団主義、第五に男性への依存傾向、第六に権威主義、第七に宿命論、そして第八に自尊心の隠蔽である。このように『美少女戦士セーラームーン』には『クレヨンしんちゃん』とは全く対照的な女性ジェンダーが描かれている。

※多様な性

ところで、『美少女戦士セーラームーン』には、天王はるかと海王みちるという特異なキャラクターが登場する。天王はるかは女性なのだが、ふだんは男性の服装をしている。そして、二人はともに女性なのだが、恋愛関係にある。彼女たちは他のセーラー戦士とは明らかに違う。すなわち、性的少数派なのである。われわれの社会には、現実に彼女たちのような性的少数派の人々が存在している。

これまで性に関する研究は、解剖学的に両性的な形質を備えた半陰陽者、自分と同じ性的形質を備えた人にエロティックな反応を示す同性愛者、自らと異なる性の服装や態度を好む異性装者、自らの性的形質に対する違和感をもつ性同一性障害者※などの多様な性のあり方を問題としてきた。その成果に、ジェンダー・アイデンティティ（性自認）という概念とジェンダー・ロール（性役割）という概念がある。

ジェンダー・アイデンティティとは、その人が自らの性をどう見なしているかということであり、ジェンダー・ロールとは、性別を理由に社会的に割り振られた個人の態度と行為の類型である。

多数派の人々に関していえば、セックスの面で男性であるか、女性であるかは明瞭であり、ジェンダー・アイデンティティはそのセックスと一致している。また、ジェンダーの面では、たいていセックスに応じた男らしさ、女らしさが優位に備わっている。すなわち、もちろん、人によって大きな違いがあるものの、多くの人は基本的にはその社会のジェンダー・ロールを受け入れているといえる。

しかし、先に挙げたような人々は、セックスあるいはジェンダーという点で多数派の人々とは異なっている。すなわち、半陰陽者はセックスが明瞭ではなく、同性愛者と異性装者は一般的なジェンダー・ロールをもたず、性同一性障害者はセックスとジェンダー・アイデンティティが食い違っているのである。

※性同一性障害者の戸籍問題

日本では二〇〇三年に「性同一性障害者の取扱いの特例に関する法律」が制定され、性同一性障害者に戸籍上の性別を変える権利が認められた。ジェンダーにかかわって、少数派の権利をどこまで社会的に許容すべきなのかという問題は、多数派を前提している社会のジェンダー秩序に対して変更を迫るものであるため、世界各地で議論を呼んでいる。

現代社会では、とくに欧米の先進国を中心にして、多数派ばかりでなく、こうした少数派の人々に対する偏見や差別を取り除いて、彼／彼女らの人権をもっと保障すべきであるという議論が起きている。同性間での結婚を認めるべきだという主張は、その代表的な例だろう。

五　文化の問題としてのジェンダー

※二つの特徴

ジェンダーは、ある社会に生まれる性別文化である。そう考えたとき、二つの特徴を指摘できる。

第一の特徴は、多数派の人々によって無反省的に肯定されているものである、ということである。エスノメソドロジストとして有名なH・ガーフィンケル（Garfinkel, 1917-2011）は、アグネスという性同一性障害の「女性」が女性として認められるために行った実践を考察して、「正常な性別をもった人間とは、それぞれの社会における文化的な出来事なのである。そして、成員の認知およびその認知を生み出す実践によって、その文化的出来事の実際的活動における目に見える秩序という性格が生まれるのである」と結論づけた（ガーフィンケルほか、山田富秋ほか訳『エスノメソドロジー』せりか書房、一九八七（原著一九六七））。

つまり、女性にとって「当たり前」のことが、女性になろうとする者にとっては反省的な事柄になる。テレビ・アニメも同様である。漠然と見ているだけでは、ジェンダーに気づくことはない。逆にいえば、文化を共有するとは、そうした「当たり前」を当たり前と感じることであり、ジェンダーは反省によって初めて明らかになるのである。

第二の特徴は、世代を越えて受け継がれるものである、ということである。文化は、共時的に一般性をもつばかりではなく、その社会が存続するかぎり、一定の変容を伴いつつも、歴史的に継承されていく。もちろん、ガーフィンケルのいうように、実践によって秩序が生まれる。しかし、何もないところから実践が行われるはずはなく、実践そのものは過去をテキストにしている。そして、実践そのものは未来のテキストになるのである。その意味で、実践者は次の世代にどのようなジェンダーを提示しているのか問われているともいえよう。

※何を変えるべきか

かつて、F・W・ニーチェ（Nietzsche, 1844-1900）がキリスト教を奴隷道徳※だとして批判したのは有名な話であるが、二つの勢力の間に安定的な権力関係が存在している場合、強者には君主道徳※が弱者には奴隷道徳が生まれやすい。

フェミニストたちが主張したように、男性優位社会にあって女性は長らく虐げられてきた。その結果、女性が身につけなければならなかった奴隷道徳はあっただろうし、逆に、男性が身につけなければならなかった君主道徳もあったと考えられる。現代社会では、社会制度的な面での男女差別は徐々になくなりつつあるが、そうした見えにくい道徳の側面において、男女双方に君主道徳、奴隷道徳が完全に払拭できているかといえば、かなり疑問だろう。

※奴隷道徳と君主道徳

ニーチェは、温情・忍耐・勤勉・謙譲などの徳目や愚かであることと善を一緒のものとする性向などは、弱者が自らの生存を楽にするための奴隷道徳であると指摘した。また自分にとって苛酷であることや峻厳であることに価値を認め、高貴であることや気高いことを善とする性向は、君主道徳であるとした。日本の慣用句、「男は度胸、女は愛嬌」は、それに当たるのかもしれない。

役割が交替できない関係性を分業といい、交替可能な関係性を分担と呼ぶ。ジェンダーに関する研究は、これまで分業されてきた男性の役割、女性の役割が決して交替不可能なものではないことを明らかにしてきた。たとえば、現代では女性の運転手や男性の保育士は珍しくなくなっている。今後は、昔のような性別を根拠とした君主道徳、奴隷道徳も徐々に説得力を失っていくに違いない。しかし、おそらくいつの時代でも、セックスが二つに大別されるように、ジェンダーそのものがなくなることはない。男性名詞、女性名詞だったものが、中性名詞になるように、性別にとらわれない領域が拡大し、男性ジェンダーと女性ジェンダーの内容が変わるだけである。

現代社会は男女共同参画社会に向けて変わりつつある。そうしたなかで、変えていくべきジェンダーは何か、そして、時代を通じて変わらない男性らしさ、女性らしさは何かということが問われているのである。

Q&A

Q ジェンダーとは何を意味する言葉なのか。なぜこの言葉が生まれてきたのか、ジェンダーについての注目が何を明らかにしたのか、それがどのような衝撃を社会に与えているのか、そして、ジェンダーに関して、今何が問われているのだろうか。

A もともと文法用語だったジェンダーという言葉の再発見は、これまで固定的に考えられてきた男女の性役割を付き崩した点で大きな意味をもった。男らしさや女らしさが身体の特徴と不可分のものではなく、社会や文化によって可変的なものであるとの認識は、とくに女性の活躍の場を広げ、その能力を高める可能性を切り拓いた。そして、ジェンダーという言葉は、性に対する柔軟な発想をもたらしたから、これまであまりかえりみられて来なかった少数派の人々の人権に関する議論を刺激し、男性の解放を目指すメンズリブ運動も生まれた。

日本社会は、明治期以降、性別分業が進んだが、今は男女共同参画社会へ向かって、国を挙げての取り組みが行われている。しかし、問題なのは、単に女性の社会進出が進むことではなく、その中身である。すなわち、男女が同じ集団の中で生活することではなく、そこにおいて男女が旧来の固定的な性役割に制約されることなく、一人ひとりがその個性を活かして活躍することが大切である。

ブック・ガイド

上野千鶴子『家父長制と資本制』岩波現代文庫、二〇〇九（原著一九九〇）。

マルクス主義フェミニズムの主張を展開した書である。フェミニストは家父長制に性支配の根源を求めがちであり、マルクス主義者は資本制に社会的悪の根源を見がちである。本書は物質的基盤というマルクス主義の視点から性支配を考察して、二つのシステムに通底する構造を明らかにしている。

目黒依子、矢澤澄子、岡本英雄編『揺らぐ男性のジェンダー意識―仕事・家族・介護』新曜社、二〇一二。

男性ジェンダーの現在を数量データによって分析している。ジェンダー論は、従来フェミニズムの影響が強かったが、最近は「イクメン」や「カジダン」という言葉が生まれたように、男性の性役割意識の変化に注目が集まっている。その背景には、雇用流動化にともなって「一家の大黒柱」であり続けることの困難がある。

武田佐知子編『着衣する身体と女性の周縁化』思文閣出版、二〇一二。

被服はジェンダーを視覚化する。本書は主に女性の被服を通じて、それを生み出した社会やそれを身に着ける判断をした個人を読み取ろうとする試みである。「民族／伝統衣装とファッション」「異装・共装」「着衣する身体」「表現する身体」の四部に分かれ、全二六本の多種多様な論文で構成されている。

第八章　〈まなざし〉による支配と癒しの空間
――身体感覚とリアリティ

一　視覚と嗅覚

※身体感覚を社会学する

身体感覚というと、医学や心理学のテーマのように思われるかもしれない。それに対して本章では、〈わたし〉の身体が社会や文化からどのような影響を受け、どのような特徴をもっているかを社会学の観点から解明する。とくに、近代や現代と呼ばれる時代の社会文化が、どのような身体感覚を生み出し発達させてきたのか、またその結果、どのような事態が私たちの身体に起こっているのかを視覚と嗅覚を対比しながら明らかにしていきたい。

私たちの社会は、視覚が最も重要で、嗅覚は相対的に重要度が低い劣った感覚と見なす傾向がある。実際、映像メディアが発達し、毎日スマートフォンに向かい合う現代人にとって最も重要な感覚は視覚である。においが識別できなくとも、視覚を失うほどの支障はない。こうした意識は言語にも表れている。たとえば、鋭い眼といった場合、私たちはその持ち主が何らかのすぐれた判断力を有していると考える。反対に鋭い鼻というと野蛮さ、うさんくささを連想する。眼が肥えている、鼻が利くといった場合も同じである。

視覚と嗅覚の間にある質的な違いを列挙してみよう。距離感覚では、視覚の場合、自己と対象との距離や区別を保持しやすいという特徴がある。それに対して、嗅覚の場合、対象との距離をとり、区別を設けようとすると、瞬時に、におい自体が消滅してしまう。境界感覚や空間感覚についても、同じことがいえる。一般に、視覚は自己と対象、対象と対象との差異や区別を把握しやすいのに対して、嗅覚は空間的距離や境界の曖昧さ、あるいは一体性の感覚にとどまる。

時間感覚の場合はどうだろう。視覚が固定的で永続的であるのに対して、嗅覚は儚く一過的である。さらに、操作性について、視覚は眼を閉じる、あるいは見ないようにするという振る舞いが容易だが、嗅覚は長時間遮断するには限界がある。視覚が認識対象を他のものから区別し、しかも、その像や形を主体的、意識的に把握することを得意とするのに対し、嗅覚は認識対象の全体的な印象を受動的、直感的に、しかも漠然と把握するに留まるといえる［8－1］。

※近代社会と特権化する視覚

視覚が近代社会の中で、いかにすぐれた能力と見なされてきたかは、哲学の世界を見ればよくわかる。近代社会には、人間の精神と身体の関係について心身二元論という特殊な考え方がある。心身二元論とは、心と体、精神と身体との間に分断線を引き、前者の後者に対する優位を主張する思想である。一方の精神は真、善、美といった価値を体現する特権的な能

8-1　視覚と嗅覚の特性比較

	視覚（見る行為）	嗅覚（におう行為）
距離感覚	自己と対象との距離化	自己と対象との融合化
境界感覚	明確な区別	境界不明確
空間感覚	全体と部分の区別	全体と部分の一体性
時間感覚	永続性（固定性）	一過性（儚さ）
操作感覚	意識的操作可能性大	意識的操作可能性小

力とみなされ、他方の身体はそれに従属する感情的、本能的側面として低い地位に貶められてきた。精神にはさまざま特権的役割が与えられてきたが、その意味を説明しようとすると非常に難しい。そこで多くの哲学者は、精神のモデルを「眼」に求めてきた。

近代の学問や科学の基礎を築いたR・デカルト（Descartes, 1596-1650）は、人間精神による最も高度で確実な認識の特徴を明晰判明（clair et ditinct）に求めている。明晰とは対象がその姿をはっきり眼の前に現前すること、判明とはそのような明晰なもの以外はいっさい含まず、全体と部分、部分と部分の区別が明確になされていることである。このことが示しているように、近代社会は人間精神の認識能力を身体的感覚器官のひとつである眼の働きに求めていた。逆に、近代の哲学は、視覚に精神という別名のもとに特権的地位を授けたともいえる。さらに、人間精神＝視覚を心身二元論に当てはめてみると、心身二元論の真実が実は身体的感覚のひとつであった視覚が人間精神となり、その他の身体的感覚――五感やそれに関連する食欲や性欲などの欲望を含む――を支配するという構図が浮かび上がる。

二 「まなざし」対「におい」の歴史

❊まなざしによる規律訓練

まなざしによる身体の管理は哲学の世界だけはなく、現実社会にも見られる。M・フーコー[※]（Foucault, 1926-84）は、その原型をJ・ベンサム（Bentham, 1748-1832）の考案したパノ

※フーコー
(Michel Foucault)

（一九二六―八四）

フランスの哲学・歴史学者。歴史研究を通して、近代的主体や西洋合理主義の隠された権力構造を解明した。代表作として『狂気の歴史』（一九六一）、『言葉と物』（一九六六）、『監獄の誕生』（一九七五）、『知への意志』（一九七六）がある。ベンサムのパノプティコンは、フーコーの『監獄の誕生』で取り上げられて有名となった。

8-2　N・アルー＝ロマン『懲治監獄の計画』（1840）

M・フーコー『監獄の誕生』（1975）イラスト21より

プティコン（一望監視施設）に求めている［8-2］。パノプティコンとは、ギリシア語で「すべてをみわたす眼」を意味する。社会という集合体が成り立つためには、一人ひとりの人間が集団のルールや秩序にしたがって行動せねばならない。そのために個人の身体やその振る舞いを社会が管理し、規律訓練する必要がある。その規律訓練によって、たとえば、生徒は教師の、労働者は監督者の、囚人は看守の、病人は医師の指示に従順に従う。その規律訓練の最も合理的な方法がまなざしを利用したパノプティコンである。

この独房施設の特徴は、中央の監視塔から独房を監視することはできるが、独房の側からは監視塔の内部を見ることができない点にある。囚人はいつ、誰が、自分を監視しているかわからない状況にさらされる。施設の第一の機能は、罰として自由を剥奪することや身体に苦痛を与えることではない。囚人は長時間にわたり、匿名の監視のまなざしにさらされることで、監視者のまなざしを自分のまなざしとして内面化し、自発的に身体管理を行うよう学習するのである。

しかし、パノプティコンは監獄に限定されない。近代社会では、パノプティコンと類似の空間が形を変えて、学校、工場、病院など、さまざまな社会制度に見られる。たとえば、体育の時間の朝礼台、教室の中の一段高い教壇を思い起こしてみよう。それらはパノプティコンの監視塔に相当し、そこで上からの命令に従順に従い、労働する身体が合理的かつ大量に生産される。

❊ 嗅覚の特権的位置

嗅覚の変遷については、アナール学派※のA・コルバン（Corbin, 1936- ）の研究を紹介しよう。嗅覚は、一八世紀以前の社会では、とくに国民の健康や伝染病の防止といった公衆衛生の分野で非常に高い地位を占めていた。というのも、一四世紀以来、ヨーロッパ社会はペストなどの伝染病の恐怖に襲われたが、腐敗の原因や病原菌が発見されていない当時、伝染病の病因は悪臭を放つ悪い空気としての瘴気（しょうき）にあると考えられたからである。

悪臭そのものが諸悪の根源だと見なされる社会では、悪臭と戦う最良の方法は、それよりも強いにおいによって、悪臭を制することである。しかも、当時は水に対する抵抗感があり、入浴によって身体を清潔に保つという観念がなかった。流れのない水溜りや水蒸気の発生する場所が、異臭の生じる場でもあったからである。また、自分自身が強力なにおいを発する

※アナール学派（École des Annales）
雑誌『アナール』（一九二九）を出発点として活躍したフランスの歴史研究グループ。従来の政治史を中心とした歴史学を批判し、日常生活や歴史の総体的な把握を目指す。代表作として、P・アリエスが行った近代家族の感情構造の研究（『〈子供〉の誕生』〔一九六〇〕）、A・コルバンの『においの歴史』（一九八二）などがある。

ことで、自分と周囲を清潔に保つ効果が生まれると考えられたため、予防・治療の観点から、麝猫香や麝香（じゃこう）など、動物性の強い芳香剤、香水が好んで使用された。

※においの追放

一八世紀半ばになると、麝香類を原料としたにおいのきつい動物性芳香剤や香水は嫌われるようになる。なぜなら、腐敗物に対する嫌悪が高じ、これまで薬として使用してきた麝香類に対する嫌悪が生じたからである。麝香はもともとジャコウジカの雄の分泌物を乾燥させたものであり、それ自体、排泄物、腐敗物であった。一度、強烈な芳香に対する嫌悪が生じると、それらは身体の不衛生や不潔さを隠蔽する手段と見なされるようになる。また、この時期、上流階級を中心に無臭であることが清潔であること、健康であることのメルクマールとなり、入浴の習慣も広がり始めた。

一八世紀後半には、強烈な芳香によって覆い隠されるものにすぎなかった悪臭は、完全な破壊の対象となった。一度、悪臭が撲滅されるべきものとされると、あらゆる種類のにおいが撲滅の対象となる。監獄、学校、工場、軍隊そして浮浪者収容所など、まなざしによる身体管理が行われる公的空間こそが、真っ先に「脱臭＝清潔化」の対象となった。

当時の悪臭追放がいかに大々的であったかを理解するためには、ヨーロッパのにおいの実態を見てみると非常によくわかる。人間の糞尿、犬や猫をはじめとするあらゆる種類の動物の死体、外科医（理髪師）が瀉血（しゃけつ）した血——昔の外科治療の中心は患部の血を瀉血（体外に除去）することであった——といったものが、すべて通りに捨てられた。そのうえ、町は十分に舗装されていなかったので、土砂とゴミがまじりあって恐ろしい悪臭を放っていた。

一九世紀に入ると、フランスの化学者L・パストゥール（Pasteur, 1822-95）が、病の原因が瘴気（嗅覚の対象）ではなく、病原菌（視覚の対象）であることを明らかにする。こうして病因は、嗅覚ではなく、まなざし（各種の顕微鏡）によって発見されるものとなった。学問や科学の世界に居場所を失った嗅覚は、逆にますます下等な感覚として貶められていく。たとえば、精神分析学を創始した心理学者のS・フロイト（Freud, 1856-1939）は、人間の嗅覚は、鼻が大地に密着した地上を這う生活から嗅覚刺激から離れた直立歩行を行う生活に進化することで退化し、そのかわりに遠くをはっきり見渡せる視覚が発達したとした。また、進化論者C・R・ダーウィン（Darwin, 1809-82）も、嗅覚を人間が進化の過程で失った感覚としている。

三　まなざしの支配と癒しの空間

※においಠ・過去・内面の真実

現代に目を移してみよう。一九九〇年代からアロマテラピー、リフレクソロジーなど、においの効果に注目した癒しが人々の注目を集めている。デパートやインテリアの店にはアロマ関連の商品がならび、街角にはリフレクソロジーの店が店舗を構えている（リフレクソロジーも精油を使用するという点では香りによる癒しの要素をもっている)。

一九世紀には、フロイトやダーウィンにみられるように、嗅覚は下等で野蛮な感覚として退けられた。しかし、下等、野蛮という見方は、嗅覚をより自然的で、本能的、原初的な感覚とみる見方に通じている。それゆえ、文学の世界では、においの感覚は文明によって仕切られた精神と身体の壁を取り払うもの、理性や合理性によって抑圧された純粋に内面的で感情的なもの、現在を頂点とする近代的時間意識の中で忘れ去られた記憶や内面の真実を想起させるものと見なされるようになった。

現在、盛んな香りによる癒しのブームは、視覚中心の社会編成に対する嗅覚の復権という性格をもつ。一九世紀以降、科学——すなわち視覚的まなざし——によって駆逐されたにおいは、身体的なもの、感情的なもの、そして内面の儚い記憶を想起させるものとして、文学空間や私的空間に登場した。それが二一世紀を迎えた今日、再びブームとなって回帰してきた。しかし、結論を急がず、さらに二〇世紀、二一世紀社会のまなざしの特徴を検討しておこう。

※パーソナリティ市場と監視社会の成立

パノプティコン型の監視社会がモノの生産を中心とする社会であるのに対し、二〇世紀後半以降の社会は、情報・サービスを中心とする社会である。こうした社会では、労働者の仕事は工場で肉体を駆使する生産労働ではなく、顧客に対する専門的なコンサルタント業務や対人サービスの提供となる。このような変化は、長時間に及ぶ苦役からの解放のようにも思われる。しかし、話はそう単純ではない。かつて肉体のみが商品とされたが、今ではサービスを提供する側の人格や心までもが商品とされるからである。

E・フロム※（Fromm, 1900-80）は、人格が商品となる空間をパーソナリティ市場と呼び、そこでは人間の尊厳や価値が、商品と同じように労働市場において必要されるか、否かで決定される結果、深刻な人間疎外を引き起こしているとした。パノプティコンの囚人が独房の住人であったとすれば、私たちは買い手を待つデパートのショーウィンドウの商品といえる。

またA・R・ホックシールド※（Hochschild, 1940- ）によると、現代社会では感情労働と呼ばれる新たな労働が登場する。感情労働とは、自己の肉体ではなく、感情そのものを管理し、提供する労働である。彼女は、サービス業に従事する人々が自らの感情をコントロールし、心からの笑顔を商品として提供する実態を明らかにした。

確かに、現代社会は他者のまなざしを内面化し自己の身体管理を行うという点で、ベンサムのパノプティコンの延長上にある。しかし、パノプティコン的まなざしが身体を規律訓練し、一個の従順な労働力商品を仕立てる力であったとすれば、現代のまなざしは、そのまなざしの力を継承しつつ、内面（人格や感情）をも商品化していく。

二一世紀に入り、政治経済のグローバル化が進展すると、社会をコントロールする権力はさらに変化を遂げる。まず、産業構造の転換によって、技術革新が進展し、国際的な競争が激化すると、社会や企業の要請に単なる従順かつ画一的な行動をとる労働者は必要とされなくなり、ユニークな個性（自分らしさ）を発揮し、変化の激しいグローバル化に柔軟に適応

※フロム（Erich Fromm）（一九〇〇－八〇）
第六章脚注参照（八〇頁）

※ホックシールド（Arlie Russell Hochschild）（一九四〇－ ）
アメリカの社会学者で、感情の社会学の世界的第一人者。カリフォルニア大学で学位を取得、同大学の教授を務めた。従来の社会学の対象が認知的経験に限定されていたのに対し、相互作用における感情経験に注目した。代表作として『管理される心』（一九八三）がある。

できる自己実現型の人材が必要とされる。もちろん自由な自己実現ではなく、管理された自己実現（自分らしさの発揮）が要求されており、管理は行動の次元から個性の次元へと深化する。

さらに九・一一以降、新たな監視社会が顕在化しつつあるといわれている。アメリカ同時多発テロ以降、アメリカは言うまでもなく、日本においても町中に監視カメラが設置されるようになった。またアメリカでは、ゲイティッド・コミュニティを呼ばれる隔離空間が建設されている。ゲイティッド・コミュニティとは複数の住居からなり、壁と監視付の門に守られたコミュニティを指し、住民以外の出入りがきびしく制限される。かつて、フーコーはパノプティコンに着想を得て、規律訓練型の権力が人々を「監視＝包摂」する社会のイメージを描き出したが、二一世紀の社会はこうした管理の傾向がさらに強化され、人々を「監視＝排除」する排除型社会へと移行しつつあるといわれている。

※監視＝排除の力学と癒しの空間

市場的まなざしと監視カメラに包囲された私たちは、その一方で癒しの空間を求めている。癒しとは、「ありのままの私」でありつづけることが許されることである。日々の社会生活の中で、他者のまなざしや自分自身のまなざしに縛られることによって、私は、見る私と見られる私に隔てられている。反対にありのままの私とは、私の存在が、外部あるいは内部のまなざしによって支配されていない状態、いいかえれば、見る私と見られる私、まなざしと身体、精神と身体が完全に一致した状態である。

ところで、アロマテラピー、リフレクソロジー、ヒーリング音楽に共通する特徴とは何だろうか。部屋の明かりや照明を落とすこと、すなわち、現実的にも、シンボリックな意味でも、まなざしの働きを弱めることである。おそらく、私たちがロウソクの炎や薄暗い照明に安らぐのは、「見る＝見られる」の二重関係を解除することができるからである。そして「見る＝見られる」の関係が解除されたところで、私たちは視覚以外の刺激を受けている身体感覚に集中し、身体を身体で感じようとする。私の身体が身体を感じるとき、私は、私が外部の支配を受けず、純粋に無条件に存在しつづけているというリアリティを感じることができるのである。町に溢れる監視カメラと増殖する癒しの空間は、権力と身体感覚の回復を求める力のせめぎ合いを表しているのではないだろうか。

Q&A

Q

視覚（まなざし）は、近代社会の成立とともに他の身体感覚に対して特権的な位置を占めるようになった。とくに視覚が権力と結びつく場面に注目し、その支配のメカニズムを説明せよ。

A

フーコーはまなざしによる現実的な支配のメカニズムをベンサムの考案したパノプティコン（一望監視施設）に注目し明らかにした。パノプティコン型の独房では、囚人は、一方的に看守に監視されるという不均衡な支配＝被支配関係に置かれることによって、看守のまなざしを内面化し、自分自身の身体を自発的に監視するようになる。

しかし、こうしたまなざしによる支配の構造は産業構造の転換とともに大きく変化する。パノプティコン型の支配が工業社会に特有な画一的行動を求めたのに対し、情報・サービス産業が中心となる現代社会では顧客に対する「心からの笑顔」や労働市場で要求される「人格」が評価の対象となる。その意味で、まなざしの権力は個人の内面をよりいっそう強く支配する傾向が強まったといえる。また、近年では、労働市場における正規雇用・非正規雇用の峻別、生活空間におけるゲイティッド・コミュニティの形成、地域社会における移民やマイノリティの排除に見られるように、「監視＝包摂」の包摂型社会から「監視＝排除」の排除型社会へと移行していると考えられる。

A・コルバン、山田登世子、鹿島茂訳『においの歴史』藤原書店、一九九〇（原著一九八二）。

著者は、感性の歴史研究で有名なフランスの歴史学者。本書ではヨーロッパにおける嗅覚の歴史が対象とされ、とくに大都市における不十分な下水・ごみ処理システムのために、都市全体が悪臭に苦しめられた事実は、本書を通じてよく知られるようになった。

M・フーコー、田村俶訳『監獄の誕生』新潮社、一九七七（原著一九七五）。

近代を通して、刑罰のあり方が身体刑から監禁刑へと変化したことに注目し、権力の働き方や支配のあり方が、まなざしを内面化させることによって自発的服従を求める形態へと変化したことを明らかにした。

A・R・ホックシールド、石川准、室伏亜希訳『管理される心』世界思想社、二〇〇〇（原著一九八三）。

航空会社に勤務する客室乗務員の調査を通して、現代の労働のあり方が身体的・肉体的労働から感情労働に移行しつつあることを明らかにした。本書は、感情の社会学の記念碑的研究に位置付けられる。

J・ヤング、青木秀男ほか訳『排除型社会』洛北出版、二〇〇七（原著一九九九）。

二〇世紀後半の社会を排除型社会と名付け、それ以前の社会（包摂型社会）と比較する。排除型社会では市場競争の激化、新自由主義の広がりとともに、かつては包摂の対象とされた社会的逸脱者やマイノリティに対する排除が推し進められるとした。

第九章　不思議なお話を
——世俗化社会における宗教のゆくえ

一　現代日本人の宗教性

※幻の信者数

不思議なお話をしよう。日本社会には宗教を信じる人が少ないということがよくいわれる。本当だろうか。二〇一七年末の時点で日本において公式に把握されている宗教団体の数は二二万六、一四一団体、そして、その信者の総数は一億八、一一六万四、七三一人！　これが文化庁（編）の『宗教年鑑』に載っている数値である［9‐1］。ちなみに、二〇一八年一月一日時点での人口は、一億二、六五九万二千人（総務省統計局）。つまり、単純平均をとれば、日本人は一人につき一・四団体程度の宗教を信じているということになる。これははたして現実に即した数値ということができるだろうか。

神道系、仏教系、キリスト教系、諸教という四つのカテゴリー

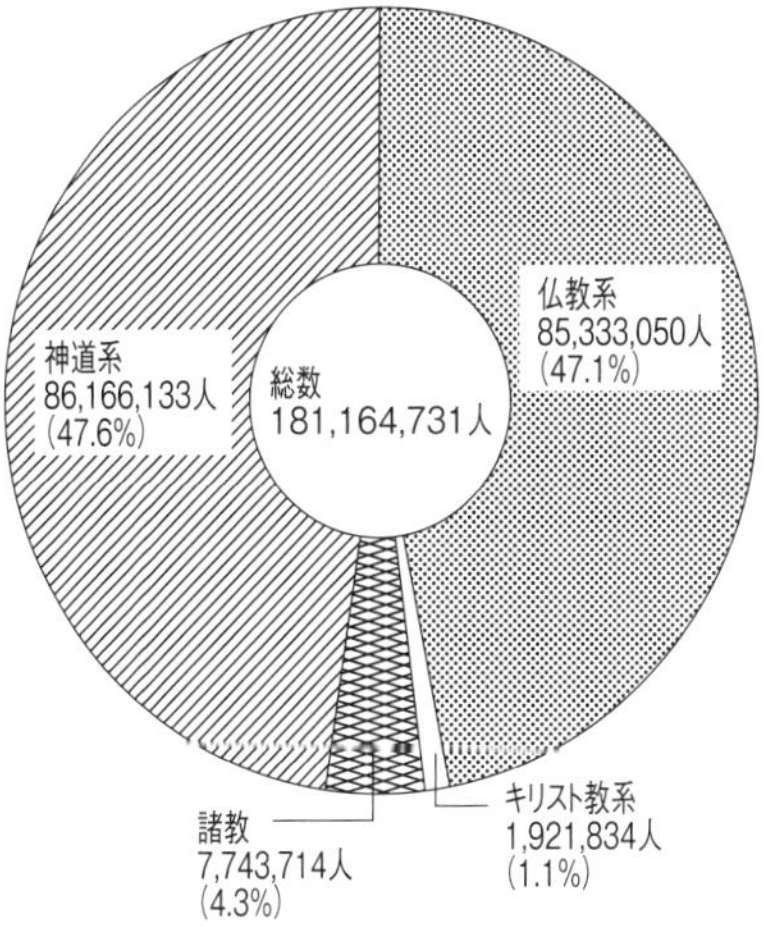

出典：文化庁編『宗教年鑑』平成30年版，2018，35頁.

9-1　信者総数（2017年末）

に分けられる宗教団体のうち、神社の多くは地域に居住する人々を氏子として報告するし、また、寺院にしても檀家各世帯の全員を信徒に算入することが少なくない。また、こうした伝統的な神社や寺院のほか、新宗教団体の場合も、実際に活動している中核的な信者だけでなく、信仰のない家族などをも信者の中に繰り入れて、自らの勢いを強調するというのは普通になされていることといえる。

したがって、このような事情を考慮に入れれば、前述した宗教総人口の多さは決して驚くには値しないということになる。そして、そうなると、より現実的な信仰者数は一体どれくらいなのだろうかという疑問が湧いてこよう。

❊自覚的信仰意識の稀薄さ

より現実に近い数値を得るためには、人々に端的に信仰の有無について尋ねてみればよい。そこで各種の社会調査データをひもといてみよう。宗教をもっていると答えた人は二〇〇一年のわれわれによる価値観調査で二七・九％（ロバート・キサラ、永井美紀子、山田真茂留編『信頼社会のゆくえ』ハーベスト社、二〇〇七）、二〇〇五〜〇六年の世界価値観調査では三六・四％となっている（電通総研・日本リサーチセンター編『世界主要国価値観データブック』同友館、二〇〇八）。また二〇〇八年の日本人の国民性調査で信仰や信心があるとした人は二七％だ（統計数理研究所による公表データ）。

教団側の報告の総計に基づけば一四〇％を超えるほどの信仰をもっているはずの日本人だ

が、実際には三割程度の人しか自らの信仰を自覚していない。それは日常的に行われている社寺への参拝やお墓参りなどが、ことさらに宗教とか信仰の名のもとにとらえられていないからであろう。たとえ、家に仏壇や神棚があろうと、生活者の感覚に則するならば、それらはとりたてて宗教的な事柄とは考えられにくくなっているのである。

逆にいうと、多くて三人に一人くらいの日本人が、単なる慣習や習俗を越えた、それなりに強い信仰意識をもっているということになるが、これは国際的に見てかなり低い値といえる。しかも、この低さは時代を超えてかなり安定的だ。日本人の国民性調査のデータを時系列的に振り返ると、信仰や信心があるとした人は一九五八年：三五％、一九六八年：三〇％、一九七八年：三四％、一九八八年：三一％、一九九八年：二九％、二〇〇八年：二七％と、それほど大きくは変化していないことがわかる。

❊宗教的行動の横溢

けれども、これをもって即、日本人の宗教に関する意識や行動は衰微しきっているとしてしまうのは性急に過ぎよう。われわれによる二〇〇一年の調査において「無神論者である（宗教など信じない）」と自己規定した人は一四・七％に過ぎず、また「神や仏」の存在を信じている人は五四・九％にも上っている。そして、冠婚葬祭を別にして寺社に参拝したり、教会に行ったりする頻度としては、「年に一回」以上の合計が七二・三％であるのに対して、「ほとんど行かない」と「全く行かない」の合計は二七・七％に留まっているのである。

ちなみに、二〇〇五〜〇六年の世界価値観調査で「無神論者である」と明確に答えた人の比率をいくつかの国で見てみると、次のようになる。日本：一二・〇％、韓国：二六・八％、中国：一七・三％、アメリカ：二・八％、イギリス：九・七％、フランス：一六・八％、ドイツ：一七・三％、スウェーデン：一六・九％。たしかに、各種社会調査によれば、特定の宗教への信仰を表明する人も、また自らを信心深いと認める人も、日本社会においては比較的少数だということができる。しかしながら、それは何も、日本人が宗教的な観念や行為と全く無縁なところで生きているということを意味しはしない。日本人に無神論者がとりたてて多いというわけではなく、現代日本社会にもそれなりの宗教性が看取される。

ここで五年ごとに行われてきているNHK調査のデータを見てみよう（NHK放送文化研究所編『現代日本人の意識構造』［第七版］、日本放送出版協会、二〇一〇）［9－2］。この調査では宗教的行動に関して、次の八項目が用意されている。①「墓参り」（年に一、二回程度は）、②「お守り・おふだ」（身のまわりに）、③「祈願」（この一、二年の間に）、④「おみくじ・占い」（この一、二年の間に）、⑤「お祈り」（おりにふれ）、⑥「礼拝・布教」（ふだんから）、⑦「聖書や経典」（おりにふれ）、⑧何もなし。データを概観すると、「墓参り」をしている人が約七割にも上るという点、また「何も行っていない」とする人が一割しかいないという点がとりわけ目を引く。今日の日本社会において、宗教的な行動は至るところに見つけることができるのである。自覚的な信仰比率が相対的に低いものに留まる一方、宗教的な性質を多分にはらんだ行為の方は今なお巷に満ち溢れているという事実を見落とすわけにはいくまい。

以上、いくつかの調査データを検討してきたが、宗教関係ではこれ以外にも多種多様な社会調査データがある（石井研士『データブック 現代日本人の宗教』［増補改訂版］新曜社、二〇〇七、参照）。日本人の宗教性について語る際には、思い込みや臆測の類をひとまずわきに置き、そうした調査データを丹念に見ていく姿勢が肝要となろう。

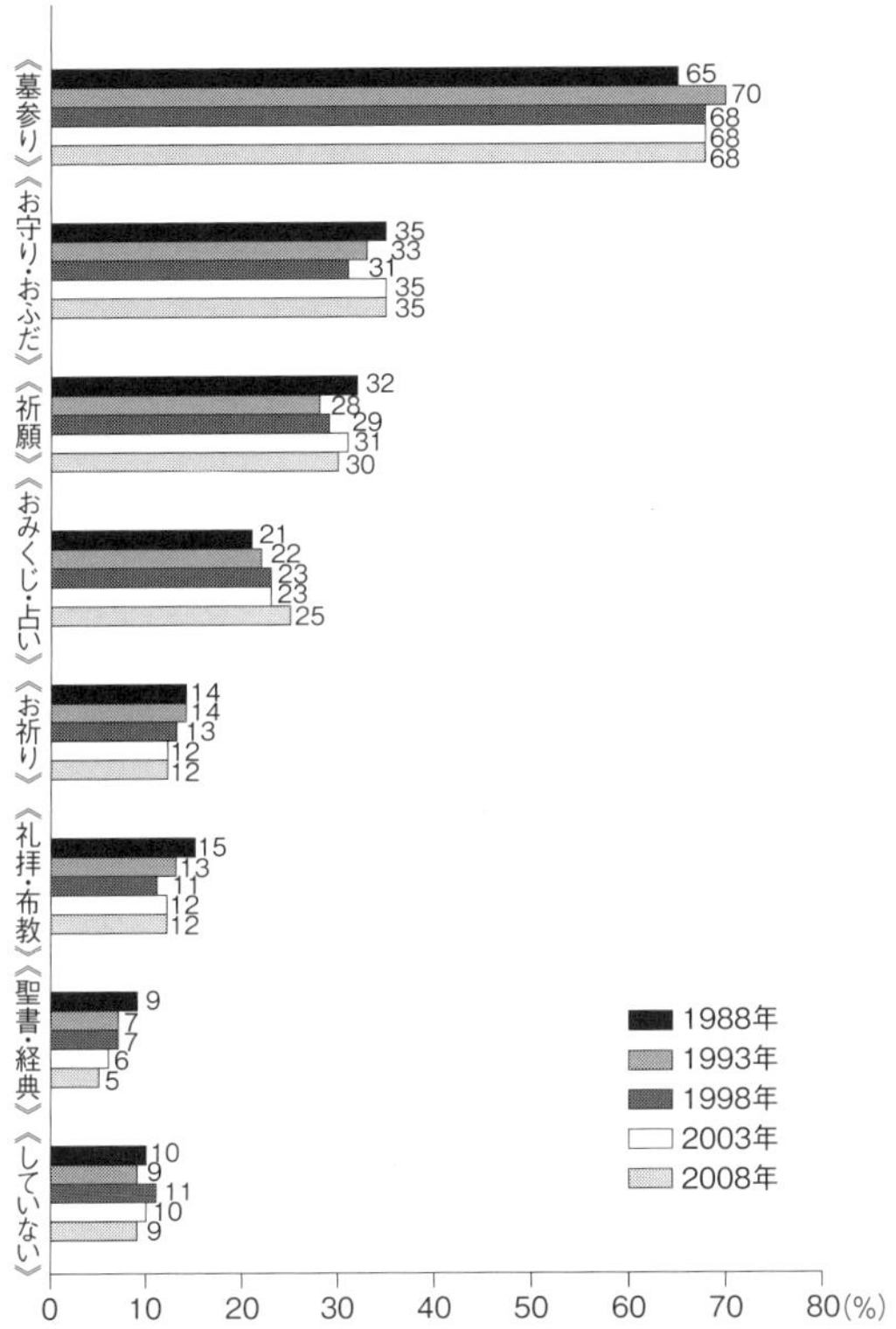

出典：NHK 放送文化研究所編『現代日本人の意識構造』［第七版］, 日本放送出版協会, 2010, 133 頁.

9-2　宗教的行動

二 世俗化の意味

※宗教の意味

今日の日本社会において、宗教的な信念や行動の多寡を見極めるのは大変に難しい。それは、ひとえに宗教のとらえ方が人によってまちまちだからだ。宗教現象を狭く教団所属と同義にとらえるならば、たしかに、今日の社会でそれを見出す機会は減ってきている。けれども、それを究極的な意味志向一般といったように広く規定すれば、宗教的な要素は今なおさまざまなところに息づいているということになろう。

宗教の規定が一義的にしづらいというのは、実は日常的な語感においてのみならず、宗教学ないし宗教社会学の場合も同様で、今日までさまざまな宗教定義がなされてきているものの、統一したひとつの見方が採用されているわけではないというのが実情である。ただ、学術的な研究を企てる際には、宗教を高度に制度化・組織化された世界宗教※（たとえばキリスト教）などに限定することなく、ある程度広い視座を確保しておくのが通常といえる。そして、その代表格が、É・デュルケム（Durkheim, 1858-1917）による宗教の定義にほかならない（デュルケム、古野清人訳『宗教生活の原初形態』岩波文庫、一九七五〔原著一九一二〕）。

彼は宗教なるものの根源的な性質として、①聖と俗との観念的区別、ならびに②共同性を有する集合体の二つを析出した。より原初的なものから近代的なものに至るまで、およそ、

※世界宗教
一般に、特定の地域や民族に限定される宗教（たとえば古代ユダヤ教や神道）を民族宗教と呼び、地域や民族を超越して拡がった宗教（たとえば仏教・キリスト教・イスラム教）を世界宗教という。学問的な宗教研究は、世に広く知られた民族宗教・世界宗教はもちろんのこと、その他きわめて広範な宗教関係現象を対象としている。

あらゆる宗教にはこの二つが見出されるというのが、デュルケムの議論のポイントである。しかし、たとえば儒教・道教・仏教・神道などについては、聖なる観念が顕在的なものになっているとは必ずしもいえない。ただし、これらの場合も、世俗社会の功利的なロジックそれ自体とは、何ほどか異なる独自の象徴的な世界観を提示しているのはたしかであり、その意味で、それなりの超越性をまとっていると考えることはできる。したがって、第一の要素の聖なる観念に関しては、これを緩い意味での超越性というように解すのが適切であろう。つまり、宗教の重要な要素としては超越性と共同性の二つが認められるというわけである。

※宗教の衰退

宗教現象はこのようにきわめて広くとらえられうるものだが、それは時代とともにさまざまな移り変わりを見せてきた。そのうち社会学的にとくに注目されるべきもののひとつが、世俗化という事態である。世俗化とは字義どおりに解すれば、すなわち、聖なるもの（超越性）が社会的な力を失っていく過程、ないしは、それが俗なる世界のうちへと溶融していく過程ということになろう。それは社会の合理化にともなって生起するものと考えられている。

M・ウェーバー（Weber, 1864-1920）はさまざまな政治的・経済的・文化的領域が自己展開を遂げるようになるにつれ、それら現世的な諸セクターと宗教との間の乖離は著しいものになると論じた（ウェーバー、大塚久雄、生松敬三訳『宗教社会学論選』みすず書房、一九七二〔原著一九二〇―二一〕）。前近代的な社会において、宗教は個人的な意味世界の充実に資するだけでなく、政治・経済・教育・医療など多様な機能を果たしていた。ところが、近代化によって社会的分化※が進み、特定の役割を専門的に担う諸機関――たとえば政府・企業・学校・病院――が、それぞれ独自の領域を自律的に画するようになると、宗教による社会の下支えの必要性は次第に減衰してくる。つまりは、宗教のもつ社会的機能は近代化とともに著しく痩せ細っていくというわけである。

また、これを諸個人の側から見るとすれば、各人は現世的な諸セクターとの間に直接的な関係が取り結べるため、もはや、生活全般を宗教と関連づけてとらえなくても済むようになる。そして、その結果、平均的な人々の教団との関わりはかつてより弱くならざるをえない。欧米社会における教会出席率の低下などは、こうした事態を端的に表していよう。

❊ 宗教の存続

こうして近代化の進行によって宗教機能の包括性は減じ、また諸個人の宗教との関係はより限定的なものとなる。しかしながら、これをもって単純に宗教機能の衰退と見るか、あるいは、むしろ、その純化と見るかでは、見解の分かれるところであろう。P・L・バーガー(Berger, 1929-)は、諸々の機能を包摂することによって社会を根本から支え、そして諸個人の拠り所となっていた前近代キリスト教の状態を指して「聖なる天蓋」と呼び、その力が薄れていく過程として世俗化現象をとらえた(バーガー、園田稔訳『聖なる天蓋』新曜社、一九七九〔原著一九六七〕)。近代化を遂げた社会において、公的な宗教が存続しているとす

※社会的分化

社会進化にともなって社会構造がより単純なものからより複雑なものへと転じ、社会が全体として異質性を増していく過程のこと。近代化が進展し、特定の機能を果たす組織が社会の中で分化するようになると、たとえば親族集団は成員の社会化という機能に、また宗教集団は究極的な意味の付与という機能に、それぞれ自らの存在基盤を特化していく。

れば、それは人々の生活実感をともなった強い信仰の対象とはなりにくく、その反対に、諸個人の宗教性が存続しているとすれば、それはきわめて個人的で私的なものに留まりがちだというのが、バーガーの主要な論点のひとつとなる。

けれども、政治・経済・教育・医療といった多様な機能の剥落は、実は、宗教が意味世界の基礎づけに専念できることを示しているかもしれない。また、諸個人が周りの影響をあまり受けずに自らの宗教性を私的に保持しうるというのは、見方によっては、信仰の純粋化を意味しているということもできよう。その意味で、宗教や信仰の意義は今日の社会でもなお失われてはいないのである。

さらに、宗教なるものを広く定義する場合には、その存続はごく自然な事態ということになろう。宗教現象を教団所属という形態面からではなく、意味付与という機能面からとらえようとするT・ルックマン（Luckmann, 1927- ）によれば、諸個人に究極的な意味を与えてくれる存在は、現代社会においてもなお多数存在しており、その中には雑誌の相談欄やヒット曲の歌詞などまでもが含まれる（ルックマン、赤池憲昭、ヤン・スィンゲドー訳『見えない宗教』ヨルダン社、一九七六〔原著一九六七〕）。音楽イベントでの熱狂にせよ、ファッションの独特なセンスにせよ、重要な他者の日頃の振る舞いにせよ、それが当人の意味世界にとって究極的な拠り所となっているかぎり、ルックマン的な視角からすれば、いずれも宗教的な事柄と見なすことができるのである。

たしかに、いわゆる世俗化のプロセスを経た現代社会においては、究極的な諸々の価値にしても、また教団への所属性にしても、人々によって比較的自由に選択される、きわめて個人的で私的な事柄となっている。宗教がもはやかつてのような共同性をもちえないというのは、否定できない事実であろう。しかしながら、他方、当人による直接的なコントロールの効きにくい対象によって、自らの意味世界を支えようとする志向は今日でも随所に見られ、その意味で宗教における超越性の方は、今なおしっかりと息づいているということができる（山田真茂留『非日常性の社会学』学文社、二〇一〇、参照）。世俗化という言葉の字面に幻惑されるあまり、こうした超越性志向の存在を見落としてしまうことのないよう注意しておかなければなるまい。

三　今日的信仰の諸相

※信仰形態・再考

このように、教団への所属性を軸とした信仰のみが宗教の名に値するものなのではなく、諸々の究極的意味体系にもまた、それなりの宗教性を看取することができる。しかし、宗教概念について、こうしたルックマン的な拡張を図ったとしても、なお取りこぼされがちなのが、神仏の存在を信じたり、社寺に参拝したりなどといった慣習的な信念や行動である。これらは宗教的なものとしてなかなかとらえられないため、日本は信仰に薄い国だということばかりが喧伝されることになる。たしかに、宗教の有無や信心深さに関して国際比較調査のデータを見てみれば、日本の比率の相対的な低さは明らかだ［9-3、9-4］。

しかしながら、「宗教的な心」については七割もの日本人がこれを大切だと答えていることを見落とすわけにはいかない［9-4］。また、二〇〇一年のわれわれによる調査では、次のようなことも判明している（ロバート・キサラ、永井美紀子、山田真茂留編、前出、二〇〇七）。①冠婚葬祭を別にして、寺社に参拝したり教会に行ったりする頻度として「全く行かない」と答えた人は一〇・二％だが、これは国際的に見て例外的に低い値といえる。②自らを「信心深い」としている人は二六・四％だが、その「信心深い」日本人のうち、「宗教をもっている」のは五七・六％に過ぎない（残りの四二・四％の人は「宗教をもっていない」）。

つまりは、日本社会では宗教をもっていなくても、宗教的な行動を行う可能性は高く、また、信心深いと自認することさえあるというのが、ここでおさえておきたいポイントである。ちなみに、その反対に、長く福音ルーテル派を国教としてきたスウェーデンでは、宗教をもっている人が非常に多いにもかかわらず、国際的に見て宗教的な行動に乏しく、信心深いという自己意識も相対的に薄い。したがって、単純に宗教の“有無”だけをもって、宗教性や信仰世界を推し量るわけに

9-3　宗教性の国際比較 (1)

	宗教重要	宗教あり	信心深い
日本	17.3	36.4	21.2
韓国	48.1	71.3	32.3
中国	16.3	11.0	21.5
アメリカ	72.0	70.5	71.7
イギリス	39.3	49.8	47.0
フランス	41.1	49.7	46.4
ドイツ	32.9	56.6	41.0
スウェーデン	29.4	74.5	32.5

注：調査実施は2005～06年.
「宗教重要」：生活にとって“非常に重要”と答えた人と“やや重要”と答えた人の合計.
「宗教あり」：“もっている宗教”を具体的に挙げた人.
「信心深い」：自分を“信心深い”と思う人.
出典：世界価値観調査のデータに基づいて作表. 電通総研・日本リサーチセンター編『世界主要国価値観データブック』同友館, 2008, 100, 187, 188頁.

9-4　宗教性の国際比較 (2)

	信じている	宗教心大切
日本（2004）	28.4	72.2
韓国（2006）	53.6	78.1
アメリカ（2006-07）	79.5	76.2
オーストラリア（2007）	54.3	53.1
インド（2008-09）	92.4	78.5

注：調査実施年は国名のところに付記．
「信じている」：信仰ないし信心に関し“もっている”“信じている”と答えた人．
「宗教心大切」：“宗教的な心”を“大切”だと思う人．
出典：環太平洋価値観国際比較調査（統計数理研究所のホームページ上の公表データ）に基づいて作表．

はいかないということになろう。

より慣習的な信念や行動を関心の埒外に置いてしまえば、日本における宗教的な行動の横溢も、また、スウェーデンにおける教会所属意識の高さも適切に把握することができなくなってしまうが、これではあまりにも狭い見方だといわざるをえまい。これらは伝統的な事柄であるため、世間の耳目をそばだてるに足るとはいえないものの、しかし、現代社会においてもなお重要な信仰の形のひとつであるということに留意しておく必要があろう。

※超越性の先鋭化―スピリチュアリティの展開

このように、今日の社会には慣習的・伝統的な宗教性の存続を見ることができる。が、それとは別に、すぐれて現代的だといえる宗教現象としてはどのようなものが挙げられるだろうか。まずは、個人化された超越性志向がいっそう先鋭化していくという事態がある。ニューエイジ※やスピリチュアリティに対する関心の高まりは、その典型といえよう。こうした新しい関心は、共同性を有

※ニューエイジ
一九六〇年代後半に、下位文化ないし対抗文化の一環としてアメリカに生まれ、今日でも存続している、自己変容体験を重視した動向ないし運動の総称。日本では精神世界という名で呼ばれる動きとほぼ重畳する。個人の意識変容を通じた自己実現を重視し、新時代の到来を強調ないし希求するのが特徴。霊的なものを重視する神秘主義的な性質を有する。

9-5　新宗教と新新宗教の特徴

新宗教	新新宗教
集団生活への適応	個人生活の充実
他者との和合	個人の自律
関係の維持	心身の統御
知的な反省	神秘的な体験
相互扶助型共同体	個人参加型組織

出典：島薗 進『現代救済宗教論』青弓社，2006，230-231 頁における議論をもとに作表．

する特定の宗教や教義と結びついているとは限らない。精神世界関連の書籍を買い求める人々からは、むしろ、私秘化され、そして商品化された意味世界の新たな姿をうかがうことができるのである。ちなみに、プログレッシヴ・ロック・バンド、イエスの「不思議なお話を」という楽曲はスピリチュアルな雰囲気で溢れているが、そこでは伝統的な宗教とは無縁な形で高次の精神性が歌われている。

また、こうした個人化された超越性志向の先鋭化は、新宗教団体の新たな動きにも認められる。新宗教とは一九世紀以降に勃興した新しい宗教の総称だが、このうち一九七〇年代から急激に教勢を伸ばしたいわゆる新新宗教の多くは、個人的な心身統御や神秘的な体験を重視する性向を共通してもっている［9－5］。話し合いによって社会生活の改善を図るというのが、古いタイプの新宗教の典型的な様相だとすれば、新しいタイプの新宗教においては、各種の技法や体験によって個人的な生の感覚を高めるという姿勢が特徴的だ。そこでは同じ時空を共有していながらも、各人が個別に自らの鍛練に集中している様子がしばしば見受けられることになる。

※共同性の復活—原理主義の台頭

ただし、こうして強く希求される超越性は相当に私秘的なものである一方、今日的な共同性をまとっているという点にも注意しておこう。今世紀初めにイギリスのある街の宗教状況について網羅的に精査したP・ヒーラス（Heelas, 1946- ）らの研究チームは、スピリチュアリティ関係の活動のうち三分の二ほどはグループ活動だということを明らかにした（Paul Heelas and Linda Woodhead, *The Spiritual Revolution*, Blackwell, 2005）。今日話題のスピリチュアリティは、通常思われているほど個人的ではなく、むしろ、かなりの程度、関係的・集団的に構成されているというわけである。

また、新新宗教の場合も、個人化された超越性志向が活性化するのは、あくまでも教団という共同体の枠内においてだ。信者たちは個人的な体験や感覚を重視しつつ、他方で、強い集合的アイデンティティ意識を保持している。そこでの共同性は、伝統的な社会や世間から相対的に切り離され、また共通の教義的な理念や価値の裏打ちを必ずしも要しないがゆえに、かえって、より鮮明なものとなろう。新新宗教の中に強烈な一体感を誇示するものが少なくないのは、こうしたいわば生のままでの共同性が効いているからにちがいない。

さらに近年その台頭が目立っているイスラム教やキリスト教における原理主義※は、共同性を極端な形で謳う運動ということができる。バーガーにせよ、ルックマンにせよ、一九六〇年代の後半には宗教の個人化局面しか見てはいなかった。しかしながら、二一世紀の幕開きと前後してわ

※**原理主義**
fundamentalismの訳語。元々は二〇世紀初頭のアメリカ、プロテスタント教会において、聖書を基にした根本的教理を重視する保守回帰的な運動として勃興。二〇世紀末にはキリスト教のみならず、イスラム教やヒンドゥー教のとある動きに関しても、この用語が用いられるようになった。宗教的原点回帰を謳い、伝統や共同性を極度に重視することで、合理化ないし世俗化に鋭く対抗する。

れわれが直面したのは、宗教現象における個人化のいっそうの進展とともに、共同性を強調する動向の高まりでもあったわけである。

※世俗化社会における超越性・共同性

近代化がいくら進んでも、それによって宗教が衰退してしまうとは限らない。先に見てきたように、日本社会には今なお、宗教絡みといえる慣習的な信念や行動が溢れかえっている。またアメリカは意識的な信仰の度合いの高い国として知られるが、そこで注目されるのは人々をつなぐ宗教の強い力だ。R・D・パットナム（Putnam, 1941-）らは、二〇〇六〜〇七年の調査をもとに、異宗派間の婚姻が今日では半分にまでなったと誇らしげに語る（Robert D. Putnam and David E. Campbell, *American Grace*, Simon & Schuster, 2010）。しかし、これは今なお結婚するアメリカ人の半数が同じ宗派の人を相手に選んでいるということにほかならない。この共同性の強さは驚嘆に値しよう。

近代化によって「聖なる天蓋」が瓦解してしまえば、もはや、かつてのような形での超越性も共同性も、またその両者間の堅固な結びつきも、いずれも前提とはしえないような状況が現出する。けれども、それはこれらが稀薄化してしまったということを意味しはしない。たしかに超越性にしても共同性にしても、制度的保証のある自明な存在ではなくなってしまった。だが、そうした混沌とした時代であればこそ、それらを希求する動きはますます先鋭なものとなっている。不思議なお話はなかなか終わりそうにない。

Q&A

Q

現代日本は宗教がもはや意味を失った社会なのであろうか、それとも信仰がそれなりに横溢した社会なのであろうか。また、いわゆる「世俗化」とは、はたして宗教の衰退のことだけを意味しているのであろうか。

A

現代日本において宗教をもっているとか、信仰があるとか、明言できる人は三割程度に留まる。だが、その一方、神仏を信じる人は相当な数に上るし、神社や仏閣は、われわれにとってきわめて馴染みの存在だ。そして、日本人は墓参りをはじめとして数々の宗教的な振る舞いをしている。日本社会は宗教が稀薄な社会と断ずるわけにはいかない。

世俗化とは近代化にともなって社会が合理化を遂げ、宗教が変容を遂げるプロセスのことである。これによって宗教は、かつて有していた政治・経済・教育・医療といった広範な機能を削ぎ落していった。これをもって宗教の力の低下と見ることも可能だろう。しかし、その結果、宗教が究極的な意味の付与という機能に特化していったというのも事実であり、その点、宗教はより純粋化した形で力を保持しているということもできる。

近代化がいくら進んでも、それによって宗教が衰退してしまうとは限らない。世俗的な価値が社会全体に浸透した日本やアメリカのような産業社会においても、宗教はなお健在だ。それは、たとえば、伝統的な儀礼、意識的な信仰、スピリチュアルな活動、原理主義的な運動など、さまざまな形をとって生き続けている。

ブック・ガイド

É・デュルケム、古野清人訳『宗教生活の原初形態』岩波文庫、一九七五（原著一九一二）。

最も原始的で単純な宗教について精査することを通じて、社会と宗教の本質を抉り出そうとした書。社会学的宗教研究の古典である。この書を通じてわれわれは宗教が社会的存在であることを確認するとともに、社会が宗教的存在であることをあらためて知ることになる。

M・ウェーバー、大塚久雄、生松敬三訳『宗教社会学論選』みすず書房、一九七二（原著一九二〇―二一）。

「中間考察」論文では、社会が合理化するにつれ、宗教と現世との間に緊張関係が生じ、これによって宗教が非現世的になるとともに現世の側が無意味化の方向へ進んでいくプロセスが、迫力ある筆致で詳細に論じられている。

石井研士『データブック　現代日本人の宗教』［増補改訂版］新曜社、二〇〇七。

諸々の社会調査や統計資料をふんだんに用い、それらをわかりやすい形で提示・解説しながら、日本人の宗教性のこれまでと現況を見極めた書。豊富なデータが提示されているが、それだけでなく読み物としても大変に面白い。

ロバート・キサラ、永井美紀子、山田真茂留編『信頼社会のゆくえ』ハーベスト社、二〇〇七。

二〇〇一年実施の価値観調査をもとに宗教・家族・労働・政治などに関する日本人の意識について論じた本。宗教関連では、信仰の有無、信心深さ、神仏・霊魂・生まれ変わりなどの信念、お守りの保持といったさまざまな事柄が取り上げられている。

第十章　情報とコミュニケーション
——人間の普遍性と技術の進歩

一　情報と情報化

※情報の二つの意味

情報という言葉は、情と報の二つの文字でできているが、このことは情報の意味を考えるうえで興味深い事柄である。情とは、「物事に感じて起きる心の動き」を意味する。一方、報とは「知らせ、知らせること」である。つまり、情報という言葉は、外からの刺激に対する内の反応という側面と内から外への働きかけという側面の二つのベクトルをもっている。これを別な言い方で述べれば、情報概念には、外から内に取り込む（ストックする）面と内から外へ送り出す（フローする）面の二つの意味があるということである。これは、情報に対する心理学的解釈と社会学的解釈の違いということもできる。たとえば、美しい花を見て、そのことを他者に語ったとする。心理学者は情報は美しい花を見た時点で生じると考えがちであるし、社会学者は他者に語った時点で生じると考えがちである。

しかし、現代社会における情報の問題を考えるうえでは、いずれの側面であれ、片方のみに特化して考えるのは不十分であり、両側面を視野に入れることが大切である。なぜならば、電話やラジオが録音機能をもち、手帳やカメラが通信機能をもつように進化したように、二つの技術は相互に関係しているし、今日の高度情報化社会は録音や録画といった「取り込み」の技術でも、放送や通信といった「送り出し」の技術でも飛躍的にその効率を高めているからである。

ここでは、情報を主体の何らかの作為によって送り出されたものとして考える。すると、それ以前の主体に取り込まれた「情報」と取り込まれる以前の「情報」の二つを措定することができるだろう。それらをそれぞれ所識、所与と名付けることにしよう。情報化とは、狭義には、所識を情報化することであるが、広義には、所与を所識を介して情報として送り出す過程だと考えられる。このように理解すれば、情報の「取り込み」と「送り出し」を双方視野に入れることができる。高度情報化社会とは、こうした情報の生産が社会的レベルで高速化して、大量の情報が生み出されている社会であるといえる。

情報に関する一切の道具や機械がない状況を考えてみよう。情報の取り込み先は脳しかなく、記憶（暗記）することが情報をストックする唯一の手段である。情報の送り出しは、口からに限られ、せいぜい身振り手振りがそれを補完するだけである。

現代社会では、こうした状況はきわめてまれである。われわれはノートやカメラやICレコーダーで記録するし、それを印刷したり、ディスプレイやスピーカーで取り出すことができる。人間は、こうしたさまざまな情報技術を生み出してきた。所与を所識化する「取り込み」の技術と所識を情報化する「送り出し」の技術は、まさに車の両輪のようにして、情報化と

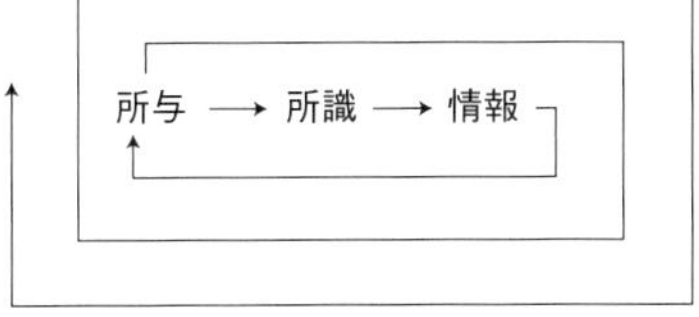

出典：早川洋行『流言の社会学　形式社会学からの接近』青弓社，2002，109頁．

10-1　情報の生産

呼ばれる社会変化を推し進めてきたのである。

※情報化の歴史

その歴史を簡単に振り返っておこう。まず印刷技術の発明があった。一五世紀にJ・グーテンベルク（Gutenberg）が活版印刷を発明し、一七世紀には近代新聞が生まれた。文字と絵を大量に生産できるこの技術によって、世界の情報量は飛躍的に増大した。第二に、電話とラジオの発明があった。一九世紀末と二〇世紀初めに生まれたこの二つの技術は、音声を大量迅速に遠方へ送ることを可能にした。第三に映画とテレビの発明である。二〇世紀に発展した映画とその中頃に始まったテレビ放送は、動画と音声を同時に送る画期的な発明であった。

そして、二〇世紀末にはインターネットが登場した。インターネットは、動画と音声を迅速に送るという点ではテレビと同じであったが、それまでのテレビにはない二つの特徴をもつものであった。その第一の特徴は双方向性である。インターネットは情報の送り手と受け手の間でのスムーズなやり取りを可能にした。双方向性という特徴は電話がもっていたものである。しかし、インターネットはそれを動画の伝達を含んだより高次のレベルで実現した。第二の特徴は、個人が放射状のコミュニケーション・ルートをもつことを可能にしたことである。インターネットの登場によって、これまで主として情報の受け手であった個人は、情報の強力な送り手になることが可能になった。

インターネットが普及する以前、コミュニケーションは二つに分類されるのが通例であった。すなわち、電話のように特定の個人間で双方向になされるパーソナル・コミュニケーションと、新聞やテレビのように組織体（マス・メディア）から不特定多数に向かって一方的になされるマス・コミュニケーションという分類である。

しかし、インターネットによるコミュニケーションの登場は、こうした分類を困難なものにした。なぜなら、インターネットのコミュニケーションは、パーソナル・コミュニケーションの特徴である双方向性とマス・コミュニケーションの特徴である不特定多数への放射状発信という、二つの特徴を兼ね備えていたからである。

このコミュニケーション様式をＩＴコミュニケーションと名付けるならば、それはこれまで全くなかった様式とは言い難い。双方向性は既に電話にあったし、大量伝達はマス・メディア一般の特徴だったからである。むしろ、ＩＴコミュニケーションとは、これまでの二つのコミュニケーション様式が融合したものとして考えるべきだろう。個人はマス・メディアがもっていた「不特定多数への放射状発信」能力を手に入れ、マス・メディアは個人がもっていた「双方向性」能力を手に入れた。それがＩＴコミュニケーションである［10‐2］。

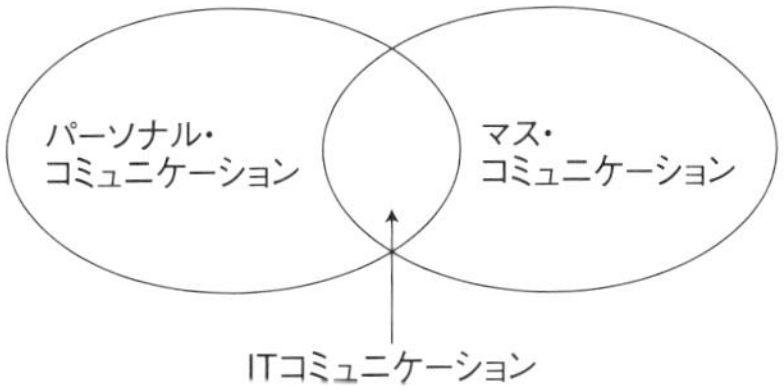

出典：早川洋行「情報空間の意味と変容」前納弘武，岩佐淳一，内田康人編著『変わりゆくコミュニケーション　薄れゆくコミュニティ―メディアと情報化の現在』ミネルヴァ書房，2012，33頁．

10-2　3つのコミュニケーション

二　受信リテラシーと発信リテラシー

※意思疎通

コミュニケーションとは情報のやり取りを意味する言葉である。しかし、われわれが、コミュニケーションがうまくいったとか、いかなかったとかいうときのコミュニケーションという言葉には、単に情報のやりとりということを越えて意思疎通という意味も含まれている。情報のやりとりが迅速になることが、意思疎通を容易にすることと必ずしも同じではないのは、多くの人が認めるところであろう。情報伝達が容易になり、社会の情報量が増大したことによって、意思疎通を可能にするために各個人に要求されるリテラシーの水準は上昇することになった。

リテラシーとは、もともと読み書き能力を意味する言葉であるが、今日では、単に文字を読んだり書いたりする能力ではなく、「情報リテラシー」とか「メディアリテラシー」という言葉のように、多くの情報の中から適切な情報を取り込み、自分の意思を伝えるための情報を広くわかりやすく送り出す個人の能力という意味で使われている。情報（所与）を取り込む能力を受信リテラシーと呼び、情報を送り出す能力を発信リテラシーと呼ぶならば、受信リテラシーにおいても発信リテラシーにおいても、社会生活を送るうえで現代人はかなりの高水準を要求されている。この問題について詳しく考えてみよう。

※受信リテラシー

まず、受信リテラシーについて考える。現代社会の情報量が増加するにつれて、その中から最も適切な情報を選び取る能力も要求されるようになってきた。たとえば、テレビの番組を観ようとしたとしよう。同時刻に多くの放送局がさまざまな番組を放映しているので、多くの人はまず、新聞のテレビ欄を見るに違いない。中には、それに加えて番組を紹介する雑誌を読む人もいるだろう。さて、観る番組が決まってスイッチをつける。しかし、それで終わりというわけではない。番組が期待に反していたり、興味のない部分になったりすれば、彼／彼女は、チャンネルを変えて裏番組を覗くかもしれない。さらに、始末が悪いことに、（重大事件や選挙の報道番組などにありがちなことだが）二つの番組が違う情報を伝えている場合もある。その場合は第三の放送局の情報を知ろうとするのが人の常だろう。

これらのことは、今日では当たり前のことかもしれないが、受信できる放送局が限られ、番組が少なかった頃には考えられなかった苦労である。視聴読者の選択肢が増えたことは豊かになったともいえるが、われわれは何を選ぶべきか始終判断しなければならない不幸を抱え込むことになったといえないだろうか。受信リテラシーの高い人は、単一の情報に懐疑することができるし、多数の情報の中から適切なものを取捨選択できる。逆に、それが低ければ、一方的に説得されてしまったり、戸惑ったりすることになる［10‐3］。

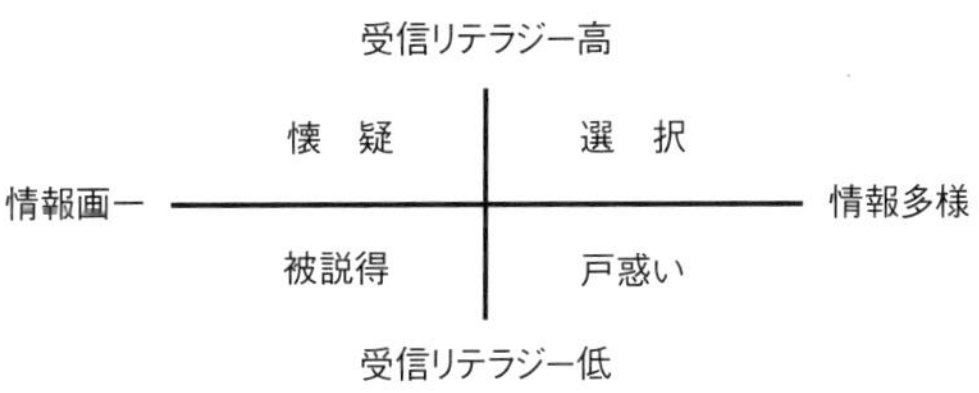

出典：早川洋行，前出，2002，112頁．

10-3　受信リテラジーの機能

❊ 発信リテラシー

次に発信リテラシーについて考えてみよう。今日では、相手に連絡しようとする際に、どの方法が最も好都合なのか尋ねておくことが珍しくない。手紙、電話、ファックス、メールのうち、人によって、また送る情報の内容にもよって何が最も合理的なのかは異なる。ときには、ホームページを開設してほしいと要望されることもあるだろう。受信者の便宜を考えれば、現代人は、発信者としてどのメディアの利用にも一応通じていなければならない。また、社会全体の情報の流通速度が上がっているので、それに乗り遅れないように迅速正確に情報を発信することを迫られる。かつてのように、手紙を書き、翌日読み返して投函するといった悠長なことは許されなくなりつつある。こうした情報機器を使いこなす能力は必須である。だから、今やどこの大学でも「メディアツール活用法」といった講義が開かれている。

発信リテラシーとは質の高い情報をどれだけ発信できるのかという能力であり、それはどちらがゼロでも意味をなさないから、両項目の積ではかられるべきものである。今日、その重要性はますます高まっている［10－4］。

❊ 情報格差と経済格差

これに関わって、こうした受信、発信両面でのリテラシーレベルの上昇が、経済的なコストの上昇を意味していることも見逃せない。近年、家計の中で情報通信費の占める割合と総

発信リテラシー ＝ 発信する情報の質 × 発信する情報の量

出典：早川洋行，前出，2002，114頁.

10-4　発信リテラジー

額は増え続けている。すなわち、情報量の増大によって社会で生きていくための知的水準ばかりでなく、経済的水準も上昇した。高い受信リテラシーと高い発信リテラシーをもつのは、おしなべて豊かな者で、低い受信リテラシーと低い発信リテラシーしかもたないのは貧しい者になりがちである。情報格差は経済格差と相関している。

三　感覚とコミュニケーション

※感覚の騙し

ところで、情報化とは、これまでのところ、しょせん、映像と音声の伝達にとどまるものであることに注意したい。しかし、実はそれを受け取る側は、映像と音声そのもの以上、それ以外の情報を受け取っている。これは感覚の「騙し」の問題である。

たとえば、洗濯柔軟剤のテレビCMを思い出していただきたい。ふんわりしたタオルの映像が心地よい音楽とともに流れる。われわれはタオルの柔らかさを触らなくてもわかってしまう。また、われわれはテレビで流れる野球の映像と金属バットの打球音から、野球の硬球がテニスボールよりも硬いことを瞬時に感じることができる。最近流行の家庭用の体感ゲームは、映像と音でテニスプレーヤーになったようなゲームを体験できる。しかし、握りしめているのはラケットではなく、コントローラーだ。そう考えると、「体感」ゲームというのは、視覚と聴覚による「触感」騙しゲームであるともいえるだろう。今やこうした「騙し」は日常化していて、多くの人は騙されていることすら気づかなくなってしまっている。

そもそも「騙し」には二つの意味がある。ひとつは欺く、もうひとつはすかしなだめる、という意味である。疲れてぐずる子供を騙して歩かせたり、不具合のある道具を騙し騙し使うのは、人間が生活していく中で日常的な技法だろう。だから、騙しが必ずしも悪いこととは限らない。

また、日本人は昔から、夏になると、風鈴や金魚鉢や、あるいは釣忍を飾って、聴覚や視覚から涼しさ得ようとしてきた。それはひとつの文化であり、人間の生きる知恵のひとつだともいえるだろう。しかし、現代社会はそうした素朴なレベルを超えている。子どものころから触覚を騙したコミュニケーションに囲まれて育つことが、人間の自我の発達にどういう影響を与えるのか、そしてそうやって育った人間たちが作り出す社会に、問題なく秩序が形成されるのかどうかはまだわからないと言わざるをえない。

❊「クーリー問題」

かつて、C・H・クーリー（Cooley, 1864-1929）は、家族、子どもの遊び仲間、近隣や大人たちの地域集団のような直接接触でつながる人間の集団を第一次集団と名付けて、それが自我の発達や社会秩序の形成にきわめて重要であることを論じた。

ところがよく知られているように、こうした第一次集団の紐帯は弛緩しつつあり、他方で、疑似的な関係性、メディアが作り出す触覚が欠如した、否、触覚を騙したコミュニケーションの領域は増大し続けている。昨今のＳＮＳの隆盛はその証左のひとつである。この傾向が今後も続いていくとしたら、人間の自我の発達や社会秩序の形成にいかなる影響があるのだろうか。このことを「社会秩序はいかにして可能か」という、よく知られたホッブズ問題をもじっていうならば、「社会秩序は第一次集団抜きで可能であるか」ということになる。この「クーリー問題」は、間違いなく現代人につきつけられている問いのひとつである。

四　情報・コミュニケーションと倫理

※メディアの私化

生後間もない赤ん坊の口元に指をもっていくと、乳首と間違えて吸おうとする。またおしりが汚れたり、お腹がすいたりすれば泣いて助けを求める。このように人間は、生まれたときから外界からの情報を取り込み、自らの意思を外界に向けて表明する能力を先天的に備えている。生きるために情報は必要であり、コミュニケーションは不可欠である。しかし、このレベルの情報とコミュニケーションの重要性は、人間特有のものではなく、動物一般にも当てはまることだろう。

人間は他の動物とは比較にならないほど情報とコミュニケーションの技術をもち、それを進歩させてきた。あらゆる動物の中で、なぜ人間のみがこれほどまでに情報とコミュニケーションの技術を発達させたのか。それは、おそらく人間が社会生活を営んでいることにかかわっている。すなわち、人間は、個人として生きる必要から情報とコミュニケーションを発達させたというのは正確ではない。人間は社会の中で生きるうえで情報交換をし、コミュニケーションを密にすることが必要だったのである。だとすれば、情報とコミュニケーションの進歩とは、人間の社会生活を円滑にするものでなければならない。しかし、こうした観点から現代社会を考察してみれば、進歩が必ずしもその目的どおりにはなっていないことに気づくに違いない。

それを助長しているのがメディアの私化という現象である。その意味は二つある。ひとつは、所有の面での私化が進んでいるということである。いずれのメディアにしろ、安価に生産できるようになるにつれ、一家に一台から個人に一台のものに変わってきている。今やラジオ・テレビ・電話・パソコン、カメラ、オーディオの多くが、何人かで共同利用されるものではなく、個人のものとして使われている。もうひとつの意味は、この所有の問題とも関連するのだが、これらのメディアが軽量小型化して容易に持ち運びできるようになったということである。ヘッドホンステレオや携帯電話がよい例であるが、かつて家の中にあったメディアが今や家の外を動き回っている。こうしたメディアの携帯化が私化の第二の意味である。そして、このことが各地で問題を引き起こしている。

G・ジンメル※（Simmel, 1858-1918）は「環境に対する近代人の関係は全体として、彼らが最も近い圏をより遠くに押しやり、よりはるかな圏により接近する」と述べた（ジンメル、居安正訳『貨幣の哲学』白水社、一九九九〔原著一九〇〇〕）。このことはメディアの発達を

※ジンメル（Georg Simmel）（一八五八―一九一八）
ドイツの社会学者。一八五八年にベルリンで生まれ、一九一八年にシュトラスブルク（仏ストラスブール）で没す。社会を心的相互作用の総体と見なして、そうした相互作用の形式を抽象する形式社会学を構想した。

考えれば何よりよく理解できるだろう。メディアは人間の目や口や耳や手を奪う。メディアにかかわるとき、傍らにいる人は往々にして無視される。電車やバスの中での携帯電話のマナーが問題になるのは、他者への配慮によって成り立つ社会生活が、携帯電話によって危機にさらされるからにほかならない。すなわち、本来、社会生活を円滑にする進歩が、逆に、それを阻害する事態が生まれている。

そこで、現在試みられつつあることは、メディア利用を空間的、時間的に制限する措置である。たとえば、電車、バス、コンサートホール、図書館での電話利用の制限はもちろん、寺院や博物館、美術館での撮影の制限理由のひとつは、傍らの人への配慮を促すためである。これらはメディアがつくる※間接的接触の世界の侵略から直接的接触の世界を守ろうとする社会的な規制といえるだろう。

> **※直接的接触の世界と間接的接触の世界**
> 清水幾太郎は、人間は直接的接触の世界と間接的接触の世界に住んでいるが、「萬事がシリアス」な直接的接触の世界とは違って間接的接触の世界は「言ひ抜け自由、責任の所在不明、事實との比較不可能」だから、人は「『話半分』という態度」をとる、と書いた（「庶民」『清水幾太郎著作集』八、講談社、一九九二〔一九五〇〕）。

❊倫理の問題

これまで論じてきたように、情報・コミュニケーション技術の進歩は、個人が備えるべき受信と発信のリテラシー水準を高め、われわれの触覚を騙し、メディアの私化を推し進め、間接的接触の世界から直接的接触の世界を防衛する社会的規制の必要を生み出した。

しかし、そうしたことの一方で、多くの人が容易に知り合いになり、「報」を通じて「情」を共有できる可能性が広がったことはまぎれもない事実である。とくに、一九九〇年代に普及したインターネットと携帯電話は、住んでいる地域や国を越えて、人々が親しく交際するうえで、きわめて有効なインパクトを与えた。こうした社会関係が成立する可能域（社会圏）の拡大の中で、あらためて倫理の問題が問われている。

かつて、ドイツの社会学者M・ウェーバー（Weber, 1864-1920）は、対内道徳と対外道徳[※]という区分を提起した。すなわち、仲間に対する倫理とよそ者に対する倫理は別であり、誰に向けられたものであるかによって二重の規範があることを主張した。またアメリカの経済人類学者M・D・サーリンズ（Sahlins, 1930-）は、未開部族にあっては部族間の地理的な距離によって互酬性に差があることを発見した。これらはいずれも、空間的に近い者同士は密なコミュニケーションを行っており、遠い者同士は逆であるという、前提に基づいていた。

今日の都市生活では、隣人とのコミュニケーションよりも遠いところにいる人とのメディアを用いたコミュニケーションが頻繁であることは決して珍しいことではない。こうした状況では、従来の空間的あるいは集団的に規定された道徳や互酬性は説得力をもたない。言い換えれば、倫理的な規制は、空間的、集団的なものではなく時間的なものになりつつある。

かつて、フランスの哲学者H・L・ベルクソン（Bergson, 1859-1941）は、「開いた社会」「閉じた社会」、そして「開いた道徳」「閉じた道徳」について語った。すなわち、自己を防衛することに汲々とした閉じた社会には固定的な「閉じた道徳」が、創造へ志向する開いた社会には人類愛に基づく「開いた道徳」が対応すると述べた。情報・コミュニケーション技術の進歩は、確実に社会を開く。その意味で、どの地域に住んでいるか、どの国の人間であるか、ということに縛られない「開いた道徳」への可能性が拡大したことは間違いないだろう。

※対内道徳と対外道徳

M・ウェーバーの用語。対内道徳とは、仲間内だけで通用する道徳であり、対外道徳とは逆に仲間以外に適用される道徳を意味する。ウェーバーは、対内道徳の例として「使用料免除、無利子貸付、富者貴人が無資産者を客遇援助する義務。隣人や領主に頼まれれば彼らの邸で食事以外に報酬をもとめずに手助けする習慣」をあげ、逆に「値切ったり永続的に奴隷化する」のは仲間以外の者に当てはまる対外道徳だとしている（「宗教的現世拒否のさまざまの方向と段階の理論―世界宗教の経済倫理『中間考察』」『ウェーバー　社会学論集』〔現代社会学大系〕五、青木書店、一九七一）。

しかし、それがあくまで可能性であることは既に述べてきたとおりである。

社会学は情報化を単に生活の利便性の向上をもたらすものとは考えない。それは自我の発達や倫理の問題をも含めて、人間と社会にとっていかなる意味をもつのかを総合的にとらえる。それが社会学的思考である。

Q&A

Q

そもそも情報とは何だろうか。コミュニケーションとは何なのか。それは歴史上どのように発展してきたのか。今日、情報とコミュニケーションの技術進歩によって、われわれの生活や社会はどのような影響を受け、どういうことが解決すべき問題として立ち現れているのだろうか。

A

情報は、取り込みと送り出しの二つのベクトルをもつ言葉であるが、それらは相互に関係し合いながら発展してきた。今日の高度情報社会とは、情報の生産が高速化して大量の情報が社会に存在する社会にほかならない。こうした情報化は、最近始まったものではなく、少なくとも活版印刷の発明以来続いてきた人類史的過程だと考えられるが、とくに二〇世紀後半からインターネットが生まれたことで、新たな段階に入ったとみるべきである。

少し前の社会では、コミュニケーションといえば、マス・メディアによる一方的で放射状のルートを通じたマス・コミュニケーションとパーソナルメディアによる双方向的な特定の個人間でのパーソナル・コミュニケーションのどちらかであった。しかし、今やこうした二分類ではとらえきれない状況が生まれてきている。

新たに生まれたＩＴコミュニケーションは、個人がマス・メディアのように不特定多数に向け発信し、マス・メディアが特定の個人に向けて双方向的に情報をやり取りするものである。ＩＴコミュニケーションの誕生は、人々が社会生活を送るうえでの発信リテラシーと受信リテラシーの水準を引き上げるとともに、人々のあいだに情報に関する格差を生み出している。

とはいえ、こうしたＩＴコミュニケーションは、視覚と聴覚を刺激することで触覚を騙すという構造をもつ点で、基本的に、従来のメディア・コミュニケーションと変わりはない。今日、人々にとって直接的接触の世界のもつ意味は減少し、間接的接触の世界のもつ意味が増大しつつある。このことが、人間の自我発達にもつ影響は未知数であり、こうして拡大した情報空間が、それに応じた範囲での倫理を生み出すのか、注目されている。

藤竹暁『マスメディアと現代』放送大学教育振興会、一九九五。

これまでの研究によって蓄積されてきたマス・コミュニケーション理論が要領よくまとめられている。「情報とコミュニケーション」についての基礎知識を学ぶには最適な本である。「マスメディアと大衆社会」を基本的な視座としているため、今日の眼からみて古さを感じる点は否めないが、基本を押さえる価値は疑いえない。

船津衛『コミュニケーションと社会心理』北樹出版、二〇〇六。

自我論からコミュニケーションを考える書である。情報にかかわる言説は、日進月歩の情報技術に目が奪われがちだが、技術の進歩に比べて人間の進化ははるかに遅い。人間の本質的な特徴を軸にしてコミュニケーションを考える視点は、大きな流れを見定めるうえで大切である。

前納弘武、岩佐淳一、内田康人編『変わりゆくコミュニケーション 薄れゆくコミュニティ』ミネルヴァ書房、二〇一一。

最新の研究一三本の論文集である（序章とあとがきを除く）。「コミュニケーションとメディア」「コミュニティとメディア」「情報社会のゆくえ」の三部構成で、理論的な考察と実証的考察の双方を含んでいる。統一したテーマでまとめられたものではないので、読者は自分が関心のある章を拾い読みすればよい。

十一章　災害と社会

一　災害社会学への要請

二一世紀に入り、日本のみならず世界各地で巨大災害が相次いだ。二〇〇四年スマトラ沖地震津波、二〇〇五年ハリケーン・カトリーナ、二〇〇八年四川地震、そして二〇一一年には東日本大震災や台風一二号など枚挙の暇もない。これらの巨大災害は、その被害の大きさから、社会全体に大きな影響を与えたが、当然のこと防災計画や防災思想に質的な変化を迫った。「住民等の避難を軸に、土地利用、避難施設、防災施設などを組み合わせて、とりうる手段を尽くした総合的な」対策への転換である（中央防災会議「東北地方太平洋沖地震を教訓とした 地震・津波対策に関する専門調査会」二〇一一）。海岸護岸や河川堤防の施設整備だけでは人命や財産を守りきることは難しいという現実を目の当たりに突き付けたためである。

この防災思想は、「安全・安心な社会の構築に向けて、科学技術がこれまで以上に貢献していくためには、自然科学から人文社会科学にわたる様々な知を結集する」必要性を増幅することになろう（文部科学省『「安全・安心な社会の構築に資する科学技術政策に関する懇談会」報告書』、二〇〇四）。

それでは、安全・安心な社会の構築に期待される人文社会科学、そのひとつとしての社会学は、これまでどのような知見を蓄積してきたのだろうか。あるいは、社会学は、今後、この社会の要請に応えることができるのだろうか。本章では、これらの問に応えるために、三つの領域に大別し、これまでの知見と貢献とを概観し、その後に今後の可能性を検討していくことにする。

二　社会情報論的アプローチ

※パニック研究

災害の社会学的研究が体系的に始まったのは、第二次世界大戦中から直後にかけてアメリカで行われた一連の研究とされる。軍の資金援助のもと戦略爆撃の効果や核攻撃という緊急事態での個人や地域社会の反応という社会心理学的関心に基づく研究群であった。その関心のひとつが、我先な自己中心的な、その結果として規範が崩れてしまう集団的な逃走、すなわちパニックであった。社会学的には、「パニック」とは慌てて避難するだけはではなく、規範の崩壊が構成要件となる。

しかし、多くの災害事例の分析を通じて、パニックはきわめて特殊な環境下でのみ出現する稀な行動傾向であることが明らかにされてくる（秋元律郎編『都市と災害』（現代のエスプリ」一八一、至文堂、一九八二）。多くの緊急場面では、利己的な行動でなく、むしろ、もとから存在する社会的紐帯を核に規範的な利他的行動が観察される。災害直後は、援助行動を基本とする一種の理想郷を意味する「災害ユートピア」と呼ばれる社会的状況こそが一般的かつ普遍的とみなされるようになった。しかし、災害下ではパニックが生じるという信念は、パニック神話※と呼称されるまでに世界的に広まっている。

※災害情報論

このパニック論に対して、研究面では、むしろ危険や脅威を無視したり、軽視することが問題として浮かび上がってきた。この傾向は「正常化の偏見」と呼ばれる。現象面で見れば、警報を聞いても住民は避難行動になかなか移らないのが、世界的に共通な課題として認識されるようになったのである。そこから、適切な行動に導くには情報をどのように伝えるべきかに研究の関心は移っていく。そのひとつの成果が、R・H・ターナー（Turner, 1919- ）らが参加した「地震予知と公共政策」である（アメリカ科学アカデミー編、力武常次監修、井坂清訳『地震予知と公共政策』講談社、一九七七（原著一九七五））。

折しも、日本では、東海地震発生説が唱えられ、警戒宣言の制度化という地震予知に基づく防災対策が進められていた。社会的、経済的混乱を防ぎ、適切な対応行動をとるには警戒宣言をいかに正確に、かつ迅速に伝達していくかという課題は高い関心を引くことになる。さらに、その関心は気象警報、火山情報など多様な防災情報へと展開されていった（東京大学新聞研究所編『地震予知と社会的反応』東京大学出版会、一九七九、東京大学新聞研究所

※パニック神話
災害時には、パニックはきわめて稀な行動傾向であることがわかっているものの、災害下ではパニックが生じるという信念は、世界的に広まっている。この乖離をパニック神話と呼んでいる。

編『災害と情報』東京大学出版会、一九八六)。

このアプローチの特徴は、情報の受け手を合理的な適応主体と前提している点にある。その前提の下で、避難など対応行動を促す要因や表現内容、メディアが研究され、居住歴や罹災体験、危険性の認知などのデモグラフィック要因など多くの要因から分析されてきた。(J.H. Sorensen & B.V. Sorensen,Community Processes; Warning and Evacuation, in H. Rodriguez, E. L. Quarantelli & R. R. Dynes(eds.). *Handbook of Disaster Research*, Springer, 2006) その知見は、警報などの表現や伝達メディアなど制度に反映される応用的側面にも展開されると共に、新たな二つの視座からなる研究領域を生み出していった。

そのひとつが、社会の構成員の多様性への配慮である。阪神・淡路大震災は、高齢者や障がい者、あるいは外国人といった災害弱者※問題を社会的課題として浮上させたし、その後の二〇〇四年、中越地震などを通じて、防災あるいは災害対策への女性の視点の重要性が広く認知されるようになった。アメリカにおいても、ハリケーン・カトリーナは、人種や民族による下位文化に注視する研究を生み出した(H. Rodriguez, W.Diaz, J.M. Santos & B.E. Aguirre, Communication Risk and Uncertainty: Science, Technology, and Disaster at the Crossroads, in H. Rodriguez, E. L. Quarantelli & R. R. Dynes (eds.), *Handbook of Disaster Research*, Springer, 2006)

もうひとつが防災教育である。災害の発生間隔は人間の生涯と比べてはるかに長く、災害を直接に体験することは多くはない。そのために、災害発生前から警報などの情報理解や対

※災害弱者

一般に、乳幼児や高齢者、障がい者、外国人など、災害時に情報入手面や移動面で大きな支障をもつおそれがあり、配慮が必要とされる社会層を指す。行政では災害時要援護者あるいは要配慮者という表現を用いる場合が多い。

応行動の普及方策が模索されつつある。しかし、個人を対象とした教育には限界も指摘されており、むしろ、地域を実践的な主体とした活動の必要性も指摘されている（矢守克也「災害情報と防災教育」『災害情報』八、二〇一〇）。これらの多様性と地域への関心はまさに社会学的なものである。

三　組織論的アプローチ

※DRC類型

市町村をはじめ多くの組織が種々の応急対策活動に従事し、最近では多数のボランティアが災害現場で活躍している。まさに、この行政やボランティアなど種々の災害救援組織を対象に個々の活動や相互の連関を扱うのが組織論的アプローチである。このアプローチもアメリカに研究の初源を求めることができる。シビル・ディフェンスの要請から、効率的なあるいは有効な救援活動と、それを可能とする組織のあり方が議論されたのである。

その最も有名な研究群がE・L・クワランティリ（Quarantelli, 1924- ）やR・R・ダインズ（Dynes）が主導する災害研究センター（略称DRC）を中心に行われた、災害救援組織の構造・機能分類に基づく分析である（秋元律郎編、前出、一九八二）。この類型では、二つの軸に注目して、災害が発生する前と後を比べ、組織がどのように変化するかによって分類する。第一の軸が組織の構造であり、組織構造が災害の前と後で変化するのか、否か、そし

11-1　DRC類型

	タスク構造〔旧〕	タスク構造〔新〕
組織構造〔旧〕	確立型 【例】消防・警察、病院	拡張型 【例】運輸会社・学校
組織構造〔新〕	拡大型 【例】赤十字	拡張型 【例】ボランティア・調整連絡会議

て第二の軸が、組織が行う活動の内容であり、災害の前後で組織の活動が大きく変化するのか、同じような活動を続けるのかで区分する。この二軸を組み合わせて四つの組織類型に分け、それぞれの特質や課題が実証的に分析されてきた［11－1］。

第一に、警察や消防のように災害時も通常時もほぼ類似した組織構造で、同じような活動を行う組織がある。「確立型」と呼ばれる組織群である。これら組織は資源制約の中で比較的既存の、あるいは計画された本来業務にとどまろうとする傾向が知られている。第二に、外部から大量のボランティアを動員する結果、災害前後で構造に大きな変化が生じる赤十字などの組織がある。このような組織は「拡大型」と呼ばれ、投入資源量は大きくなるが、新たな構成員を管理したり、行動を調整することは難しいという特徴をもつ。第三に、組織構造は変わらないが、通常は行っていない活動に従事する組織もある。これらの組織は「拡張型」と呼ばれる。集団ボランティアととらえることも可能であり、学校組織が避難所運営に当たる例を挙げることができよう。第四に、活動も組織構造も新しい組織を「創発型」と呼ぶ。その場でつくられたボランティア組織であったり、組織間調整を果たす臨時機関であったりする。

❊組織類型の展開

この組織類型はいくつかの修正も施されながらも、災害救援組織の実態説明と課題発掘を一体的に扱いうる点に特徴がある。たとえば、確立型が充分に機能できないときに、拡大型、拡張型ならびに創発型組織が参入すると指摘されているが、阪神・淡路大震災以降の災害現場で、われわれが目にするボランティアの活躍はこの命題を支持するものである。このほかにも、たとえば、確立型のように組織構造が変わらない組織でも、意志決定の権限が分権化したり、逆に集権化する傾向が報告されている。また、組織間の相互依存が通常以上に高くなることも知られており、その際に、私的なネットワークが活用される傾向もよく指摘される。

おそらく、東日本大震災以降の組織論的アプローチは救援組織の全国的な、あるいは国際的な調整という視座での分析がなされるだろう。広域災害においては、「地域のユニット」の設定の仕方が問われるからである（田中重好「『想定外』の社会学」田中重好、船橋晴俊、正村俊之編著『東日本大震災と社会学』ミネルヴァ書房、二〇一三）。それとともに、原子力発電所事故を鑑みれば、地方自治体を中核に置く分析を超えて、企業あるいは産業をも射程に含めていくことが求められよう。

四　地域社会論的アプローチ

❋災害と地域社会

地震や火山噴火、豪雨、降雪など災害の原因となる現象を「災害因」と呼び、その社会への影響過程を「災害過程」と呼ぶ。災害過程は当然、被災社会の特質に依存するし、時代によって顕在化する災害の形態も変化する。

このように、災害が被災地域社会の特質によって規定されるならば、被災地域社会がもつ種々の特性は重要な論点となる。災害の社会学的研究の始まりは、実証的研究としてはS・H・プリンス（Prince）のハリファックス港での爆発事故研究に、また理論的研究としてはP・A・ソローキン（Sorokin, 1889-1968）の戦争や飢餓、疾病などを対象とした文献学的研究に遡るとされる。そして、この両者とも被災社会に見られる長期的な社会変動に関心をもっていたのである。社会変動と集合行動論に伝統のあるシカゴ学派の研究者が、災害研究に関与したのは、まさにこの社会変動の一例だったからであろう（田中淳、土屋淳二『集合行動の社会心理学』北樹出版、二〇〇三）。

日本においても、奥尻の津波災害、雲仙普賢岳噴火災害、阪神・淡路大震災、中越地震や三宅島噴火災害などにおいて被災地域に対する長期的視野からの社会的影響を扱う研究が見られる（鈴木広編『災害都市の研究』九州大学出版会、一九九八）。東日本大震災は、今まさにこの復興過程にあり、多くの研究者によって地域組織の活動状況が記述されつつあるとともに、これまでの知見からの支援が要請されている段階にある。

社会学は発災直後の被害にとどまらず、復興過程における遅れまで含めて、長期的な視座からその社会的影響を把握しようとするのである。実際に災害のフィールドでは、ある意味で不連続とすらいえる新たな課題が次々と析出される過程でもあり、地域が再編されていく過程でもある。これは、災害過程は災害因

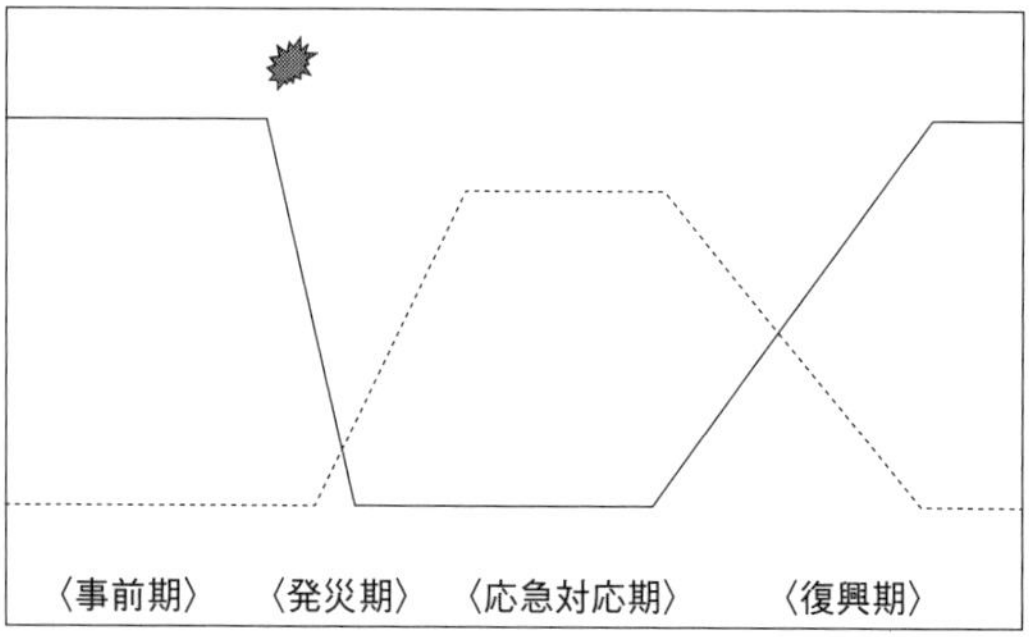

11-2　災害過程

による一時的な衝撃だけではなく、〔11－2〕に示したように、刻々と変化していく一連の過程ととらえられるからである。

通常の社会生活は、種々の社会システムに依存しながら営まれている。特に都市化の進展とともに、専門システム化、分業化が深化してきている（事前期）。ところが、災害因によってもたらされた物理的被害によって（発災期）、あるいは、災害因の予測から被害を防ぐために（警報段階にあたり、警戒期と見ることもできる）、これらの通常の社会システムは大きく機能を低下させる。その機能のうち最低限を補い、復興するため「緊急システム」が稼働する（応急対応期）。やがて、復興にあわせて通常の社会システムが回復し、緊急システムに置き換えられていく（復興期）。このように災害過程を長期の、しかも何度か繰り返される社会システムの変更と見ることができる。そして、その都度、固有の社会的影響をもたらす。災害がもたらす社会的影響は警戒期、発災期、応急対応期、復興期を経て、事前の備えへと至る一連の災害過程全般で生ずるのである。

❊災害下位文化

これら地域社会への影響過程の分析を通じて、影響の程度や内容は被災地域社会に内包されていた「災害下位文化」に規定されることが指摘されてきている。この「災害下位文化」とは、「個人や組織の災害体験を定位し、防災、減災のための心的対応と適切な行動の生起を計り、組織の機能維持と適応能力の向上を可能にする」（広瀬弘忠『災害への社会科学的アプローチ』新曜社、一九八一）ような地域共有の文化を指す。たとえば、津波対応文化をもつ地域では避難勧告を待たずに避難する傾向がある。このように「災害下位文化」は地域の住民、組織、行政の準備と対応を導き、災害の影響を吸収したり、脆弱性を露呈したりする。

ただ、人命優先の原則から見ると、正しい行動パターンではないものもあるし、実情と合わなくなっているものもある。それ以上に、都市化の進展によって「災害下位文化」の形成や維持自体が難しくなってきている。新たな災害に備えてより、地域の防災力の向上を図って行かねばならない。そのひとつの試みとして、事前から防災に特化した形で目指した「自主防災組織」の実態と育成策の検討も多くの研究を生んでいる。ただ、ここで単に世間的に想起される伝統的なコミュニティの再生だけに研究者は向かわず、新たな都市型の日常課題とも絡むコミュニティの可能性を探る試みもなされている。

五　災害社会学の構築を目指して

❊巨大災害の時代

二一世紀に入っても、人間は災害から免れることは依然としてできない。今後も、南海トラフ地震津波や首都直下地震、さらには関東大震災の再来といった巨大地震の発生が確実視されている。一八世紀に相次いだ巨大噴火も、ここ三〇〇年ほど不気味な沈黙を守っている。地球温暖化に伴う気候変動により、台風の大型化や局地的豪雨の多発も指摘されている。その一方で、情報化の進展や都市的生活様式の採用は社会の脆弱性をますます高めていき、他方で予想される高齢化社会は社会の対応能力を引き下げていく。

このような災害をめぐる環境の中で、社会学は冒頭に挙げた社会の付託に応えることができるのであろうか。たしかに、阪神・淡路大震災以降、多くの研究者が災害研究に参入し、そしてまた、東日本大震災の発生は、新たな研究領域の展開と知見の蓄積とをもたらすだろう。しかし、それだけでは社会の付託に十分に応えうるかどうかは現状では不透明である。

※多様性と統合原理

社会の付託に応えるためには、その要請に沿った研究が求められる。しかし、人文社会科学、そのひとつとしての社会学への要請は実は明確とされてはいない。人間と社会に関する知見が必要だという期待の表明でしかなく、特定の研究テーマや仮説が明示されているわけではない。それでは、社会学の何が災害研究に貢献できるのであろうか。おそらく、社会の多様性への眼差しと社会の統合原理への洞察にその本質があるよう思われる。この二つの動きこそが災害研究・防災研究に、今求められている重要な論点であり、すぐれて社会学的な問題設定でもあるからである。

社会情報論的アプローチで触れたように、差異化された社会のすべての層に緊急時の警報を、また警報などの正確な理解のために事前の防災教育を届けることが災害に強い社会の構築に不可欠である。最も弱い層はどのような人々か、情報が届きにくい層はどのような人かを「可視化」しなければならない。誰が弱者となるか、最も脆弱性が高いのかを地域社会の中で明らかにし、情報伝達や支援システムを構築していく必要がある。そのための多様性の発掘である。その一方で、防災知識の獲得や避難の実施といった一見すると個人的な行動と思われる事柄も、その有効性を高めるためには地域規範といった統合原理が働いていた。

地域コミュニティの破壊を防ぎ、円滑な復興を遂げるためには、社会統合の働きは不可欠な知見である。それと同時に、地域コミュニティという抽象レベルでは等質な集団概念ではあっても、現実には多様な主体が多様な利害対立を内包しながら実在している。この多様性や階層性を見逃せば、被害や復興過程における格差を社会問題として記述することはできない。災害の影響に階層化を生み、弱者を再生産するメカニズムをとらえる眼差しはすぐれて社会学的でもある。また、その弱者を災害対策や復興から取り残さないための仕組みもまた、社会学的であろう。

組織論的アプローチは救援組織の多様性を分析して見せたが、その空間的あるいは主体の拡大が求められる。それとともに、事前の防災対策のデザインにボランティアや専門家など外部資源をいかに取り組んでいくかの道筋を分析していくことが求められよう。

本章では、三つのアプローチから災害と社会の現状と今後とを描いてきた。二一世紀に入り相次いだ巨大災害は、おそらく新たな第四軸、第五軸を生み出していくに違いない。その可能性を三つのアプローチの今後に、そして多様性と社会の統合原理に予想したが、この試みはおそらく「想定外」に終わるだろうし、そうなることを期待して章を閉じることにしよう。

Q&A

Q 災害時の避難行動について、どのようなことがわかっているのだろうか。

A 災害下での避難行動を調べると、警報や避難指示を受けてもなかなか避難しないことがわかる。また、避難をした人でも、警告を受け取ってから避難を開始するまでに予想以上に時間を要する。とくに、風水害での避難率は一般にきわめて低いし、決断までの時間もかかっている。避難しようかどうか考え始めてから、決断するまで平均で二〇分程度、さらに行動に移すまで四〇分程度を要しているという報告もある。地震災害でも二〇〇三年の宮城県沖の地震時にテレビでビルから一斉に出てくる人々を映したが、調査では外に飛び出た仙台市民は八％にとどまる。人は全員が避難をするわけでもないし、また、一斉に避難を開始するわけでもない。パニック・イメージとは全く合わないのである。

広く共有される災害への不安と実体験のなさとが、避難行動に代表される災害下の行動への誤った信念を生みやすい。災害を対象とする研究者も、この傾向から免れることは難しい。それだけに、災害前から復興期にわたる実態としての行動を、被災者に寄り添う視線のもと、丹念に明らかにしていく必要があり、まさにこの点に、すぐれて社会学的な視座が求められるのである。

ブック・ガイド

岩崎信彦ほか編『阪神・淡路大震災の社会学』全三巻、昭和堂、一九九九。

「被災と救援の社会学」、「復興・防災まちづくりの社会学」、「避難生活の社会学」の三巻からなる当時の社会学的成果の総覧。東日本大震災と比較するうえでも重要。

大矢根淳、浦野正樹、田中淳、吉井博明編著『災害社会学入門』弘文堂、二〇〇七。

社会学が災害に関して展開してきた研究領域を幅広く紹介しており、研究の拡がりと最新動向をまとめた入門書。東日本大震災以前に出版されたものだが、論の本質は変わらないだろう。

P・A・ソローキン、大矢根淳訳『災害における人と社会』文化書房博文社、一九九八。

東日本大震災を契機に多くの著書が上梓されているが、逆に、ここでは古典中の古典を挙げる。災害と社会学との源流のひとつであり、地に足をつけ、読んでおくべき書である。

第十二章　「孤独な高齢者」という思い込み
——高齢者の社会関係

一　ソーシャル・ネットワーク

※ソーシャル・ネットワークとパーソナル・ネットワーク

ソーシャル・ネットワークは社会的ネットワークとも呼ばれ、広義には社会システムを構成する諸要素、すなわち諸個人、集団、機関の間の関係を指示する概念である。しかしながら、それを実証的に研究し、分析する場合には、個人が他者と取り結ぶ関係性の総体として用いられることが多い。この分析概念としてのソーシャル・ネットワークは、個人的ネットワーク（personal network）とか、自我中心ネットワーク（ego-centric network）と呼ばれることもあるが、ここでは高齢者を中心とする個人的ネットワークを指してソーシャル・ネットワークと呼ぶこととする。

ソーシャル・ネットワークはどのような他者たちと関係をもっているかという社会関係の構造（あるいは量）にかかわる概念である。個人（特に高齢者）が他者との間に取り結んでいる関係の全体であるソーシャル・ネットワークをとらえるための指標としては、他者の数（ネットワーク規模：network size）や続柄、他者との接触頻度などが用いられてきた。

※ソーシャル・サポート

それに対して、社会関係の機能（あるいは質）にかかわる概念として、他者との間で取り交わされているもろもろの支援・援助を指示するソーシャル・サポートという用語が用いられてきた。また、両者を組み合わせて、個人がサポートの授受を行っている他者の全体を指してソーシャル・サポート・ネットワークということもある。ソーシャル・サポートについて検討する際には、サポートの内容、授受の方向、機能性、経験か可能性か、そして他者の識別のレベルについて整理しておくことがまず必要となる。以下、順を追って説明しておこう。

二　ソーシャル・サポート

※サポートの内容

サポートの内容は、多くの場合、情緒的サポート（emotional support）と手段的サポート（instrumental support）に分けられ、これに情報的サポート（informational support）などが加えられることもある。情緒的サポートは慰める、励ます、悩みを聞くなどの行為を指し、手段的サポートは作業を手伝う、物や金銭を貸す、看病をするなどである。手段的サポートという語は目標を達成するための手段となる支援であることに由来し、具体的（tangible）なサポートと呼ぶこともある。情緒的サポートの場合、提供者の負担はわずかであるのに対して、手段的サポートでは多かれ少なかれ提供者の負担があり、長期の看病などでは提供者の負担が非常に重い。そのため、手段的サポートの提供を期待できる他者の範囲は情緒的サポートの場合よりも狭いことが多い。

情報的サポートは手段的サポートの一種と見なされることもあるが、情報を提供するのみで、具体的な支援を行わない点に着目して、別の類型のサポートと見なされることがある。たとえば、物や金銭を貸すのは手段的サポートであるが、どこに行けば借りられるかを教えるのは情報的サポートである。情報的サポートの場合、提供者の負担は重くないのが普通である。

※サポート授受の方向

サポートの授受の方向とは、焦点となっている個人(多くの場合、高齢者)がサポートを提供しているのか、受領しているのかを意味する。高齢者について考えるときには、サポートの受領のみを想定しがちであるが、高齢者も他者に対してサポートを提供しているのが普通である。多くの場合、サポートの提供と受領は対になっており、受領のみ・提供のみということは少ない。このことは社会関係を規定する基本的な行為であり、互酬性/互恵性(reciprocity)として知られている。そして、授受のバランスがとれているとき、あるいは、受領より提供のほうがやや多いときに幸福感や精神的健康度が高まるとされている。

※サポートの機能性

サポートの機能性とは、サポートが受領者に及ぼす効果を意味し、ポジティヴ・サポートとネガティヴ・サポートに二分される。ネガティヴ・サポートというのは語義矛盾のようでもあるが、提供者の主観的意図がどうであれ、サポートを受けることが望ましくない結果をもたらすようなサポートを指している。たとえば、受領者を苛立たせる情緒的サポートや心身の自立性を損なうような過度の世話（手段的サポート）はネガティヴ・サポートの典型である。

※経験か可能性か

サポートについて尋ねる際には、授受の経験について問うこともできるし、可能性を問うこともできる。しかし、その答えはしばしば異なるのが普通である。たとえば、ある人が金銭を貸してくれるであろうという可能性の認知（perceived availability）と、実際に貸してくれること、すなわち、サポートの実績（enacted support）とは別である。

したがって、調査に当たっては、どちらを用いるべきかを調査テーマに沿って選択しなければならない。可能性の認知は認知レベルでの可能性の広がりをとらえるための指標であり、分析に当たっては、支援の実態を測定しているわけではないことを常に意識して用いる必要がある。また、サポートの実績は支援を受領した経験のある人しか答えることができないこと、すなわち、非該当となる人が少なくないことに留意したうえで用いられるべきである。

※他者の識別のレベル

サポートの授受は、基本的には一対の個人間で執り行われるが、サポートの授受を行う他者は一人とは限らない。そのため、ある人が提供／受領するサポートの総量は、ある一人の他者との間で提供／受領するサポートの量と一致しないのが普通である。そこで、ソーシャル・サポートに関する研究では、①個人が提供／受領するサポートの総量を取り上げる場合、②家族・友人※など他者の続柄別にサポートの合計量を取り上げる場合、そして、③一人ひとりの他者との間で取り交わされるサポートを取り上げる場合などがあって、そのそれぞれで分析の結果と意味は異なってくる。高齢者個人を単位として、あるいは、他者の続柄別にサポートを尋ねるほうが容易であるが、その場合には、まとめあげる（aggregate）という操作によって多くの情報が失われ、社会関係の態様が誤って把握される可能性がある。一般に、高齢者個人（ケース）を単位とした場合には、一人ひとりの他者との間のタイ（tie；紐帯）を単位としたときより、社会関係が密接なものと評価される傾向がある。

※友人
親密な関係にある他者を表す語に友人（friends）と仲間（mates）がある。いずれも選択的に構築される関係であるが、両者は使い分けられている。仲間では、仲間関係が通用する領域を超えて、生活の他の局面にまで発展していくことはない。それに対して友人との関係は、出会いの契機となった文脈を超えて拡大し、さまざまな関係を重複させつつ継続・発展していく。高齢期の社会関係を研究するに当たって、友人関係をも含める意義は、ここにあると思われる。

三　社会関係の構造に関する概念図式

これまで社会関係の機能的（質的）側面について説明してきた。次に構造的（量的）側面について概説する。

❊コンボイ・モデル

個人を取り巻く他者の中には、サポートの源泉として頼りになる人もいれば、頼りにならない人もいる。また、生涯にわたって関係が維持される人もいれば、ほんのひと時の付き合いで終わる人もいる。このような生涯にわたっての他者との関係を説明する図式として提案されたのが、R・L・カーン（Kahn, 1918-）とT・C・アントヌッチ（Antonucci, 1948-）のコンボイ・モデル（convoy model）である。コンボイというのは護送船団を意味する海軍用語である。非武装の輸送船が駆逐艦などに守られた船団を組み、港から港へと旅をするように、他者たちに守られながら、危険に満ちた人生の行路を進むのが人の一生だという含意が込められている。

コンボイは個人を中心とする同心円として書き表すことができる［12-1］。中心からの距離は親密さと重要さの度合いを表し、個人に一番近い内側の円には、全人的な付き合いをする家族や一部の親友、個人から遠いところには、職務や役割のうえでだけ付き合う他者が位置する。内側の円に位置する他者との関係は、その人が生きているかぎり生涯にわたって続くのが普通であるが、外側の円にある他者との関係は、職務や役割が変われば半ば自

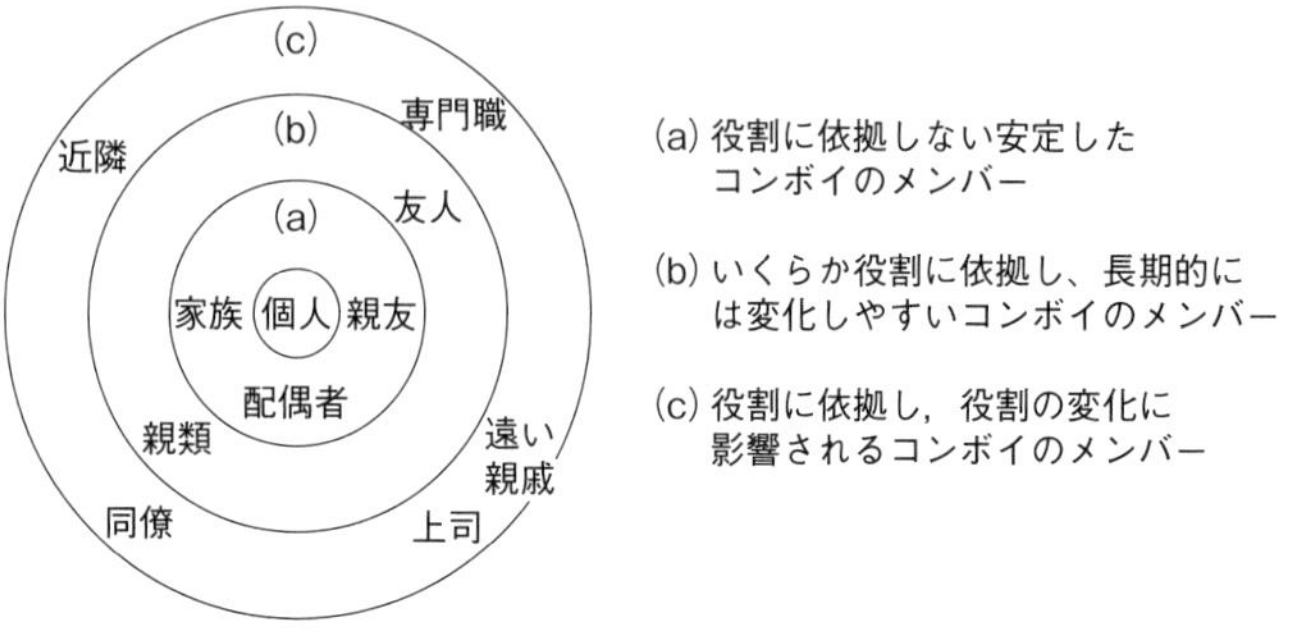

出典：古谷野亘，安藤孝敏編『改訂・新社会老年学─シニアライフのゆくえ』ワールドプランニング，2008，113 頁.

12-1　コンボイの構成

動的に消滅する。そのため、内側の円の他者はあまり変化しないが、外側の円の他者は職務や役割の変化に応じて入れ替わっていくのが普通である。

コンボイ・モデルは、社会関係の構造に関する概念図式であると同時に、社会関係を把握するための独特の調査研究方法でもある。調査の際には、［12－1］から文字を除いた三重の同心円を回答者に示して、一番内側の円には「とても親しく、なくてはならないと感じる他者」、最も外側の円には「内側の円に位置づけられた他者ほどではないが、大切であり重要だと思う他者」を位置づけるように求める。このようにして、他者の親密さ・重要さについての回答者（高齢者）の認知に基づいて、他者の位置づけを得ようとするのである。当然、他者の位置づけ方は人によって異なるし、ときにより変化する可能性がある。［12－1］は、この方法によって収集したデータを整理して得られた他者の位置づけの概念図式である。

コンボイ・モデルは、直感的にとらえやすい「親しさ」に基礎を置くため理解しやすく、これまでにも多くの研究の立脚点となってきた。しかしながら、他者の位置づけには変化の可能性があり、さらに、他者の位置と交流の望ましさが一致するとは限らないことに留意する必要がある。たとえば、子どもは一番内側の円に位置づけられることが多いが、重要な他者であるだけに、交流がストレスや不満の原因になることが少なくないし、子どもとの仲が疎遠になることもありうる。

また、このモデルが、個人を中心にしてその周囲に他者たちを自由に配置するというきわめてアメリカ的な発想に立っていることにも留意する必要がある。この方法を日本の高齢者に適用した場合、相当数の人が一番内側の円に配偶者と直系親族、二番目の円に兄弟姉妹などの傍系親族、一番外側の円に非親族（近隣や友人）を配置する。これは主観的な親しさや重要性よりも、客観的な続柄に基づいて他者との関係を考えがちな日本人の対人認知の特徴を反映しているのかもしれない。

※社会情緒的選択理論

高齢期にみられる社会関係の減少、すなわち、ネットワーク規模の縮小は、コンボイ・モデルの考え方に立てば、サポートの源泉となる「護送船団」の弱体化であって、高齢者にとって望ましいことではあり得ない。一般にもそのように考えられていることが多い。ところが、社会関係の縮小が、高齢期の幸福感や精神的健康を損ねるとは限らないという知見も報告されている。L・L・カーステンセン（Carstensen, 1953-）とF・R・ラング（Lang, 1962-）の社会情緒的選択理論（socioemotional selectivity theory）である。この理論によれば、社会関係の縮小は、あまり親しくない他者との交流を取りやめ、親しい他者との交流のみを選択的に残した結果であって、幸福な老い（successful aging）を妨げるものではなく、むしろ、それをもたらすものである可能性すらあることになる。このモデルはネットワークの規模の縮小＝孤独と安易にとらえてしまうことの危険性を指摘しているといえよう。

四　社会関係の説明モデル

最後に、社会関係の構造と機能を総合的に説明するモデルについて概観する。高齢者に対して、誰が、なぜ、ある種の支援をするのかを説明する代表的なモデルとして、階層的補完モデルと課題特定モデルがある。

※階層的補完モデルと課題特定モデル

階層的補完モデル（hierarchical-compensatory model）では、サポートの源泉となる他者たちの間に序列が存在し、サポートを必要とする課題（task）の内容とは無関係に、その序列に基づいて、サポートの提供者が選択されると考えられる。そして、サポートの源泉としての優先順位の高い他者が欠けているか十分なサポートを提供できないときには、優先順位の低い他者が代替（substitute）し、補完（compensate）することになると説明される。一般に、最初にサポートを期待されるのは配偶者であるが、配偶者がいないか、配偶者から十分なサポートを得られないときには子ども、子どもからのサポートも得られないときには親族や友人が期待されるというのが、このモデルによる説明である。

課題特定モデル（task-specific model）では、サポートの源泉となる他者たちの間の序列ではなく、課題との適合性が重視され、特定の課題に対するサポートには特定の他者が選択される、あるいは、特定のサポートは特定の他者からのみ提供されると考えられる。たとえば、長期の介護は高齢者と特に近い関係にある配偶者や子どものみが提供できるサポートであるが、災害などの緊急時の助け手には、遠方に居住する子どもより、近隣の人のほうが適しており、また、サポートの源泉として選択されることが多いと考えられる。

この二つのモデルは、相対立する説明モデルとして提案されたものであるが、いずれについてもモデルに合致する実証的な知見が報告されており、決着を見るには至っていない。しかも、これらのモデルに合致する知見が得られたという研究においても、その多くは観察された社会関係の一部がいずれかのモデルによって説明できているに過ぎず、支援の源泉となる他者の選択メカニズムが完全に説明できているわけではない。このため、最近では、階層的補完モデルと課題特定モデルを対立するものではなく、相互に補完しあう説明モデルと見なすことが提案されるようになっている。

※ 社会関係と幸福な老い

社会関係の豊かさと幸福な老いの関係については、活動理論※と離脱理論※の論争以来の研究の歴史があり、近年では、特にソーシャル・サポートの効果に関しておびただしい数の研究が行われている。しかしながら、社会関係の成立や他者の選択メカニズムに関する基礎的な研究はどちらかというと手薄で、基礎的な事実の把握を欠いたまま解析的な研究を進めようとしている感は否めない。特に欧米の高齢者とは社会・文化的背景を異にする日本の高齢者

※活動理論（activity theory）
活動理論は、壮年期の社会的活動の水準を維持することが、幸福に老いるための必要条件であるとする理論である。これはさまざまな実践活動の体験とアメリカの中産階級的価値観に基づく確信から展開された理論であるため、中心的な命題が明示されることは、B・W・レモンを除きほとんどなかった。レモンが示した活動理論の体系は、「活動度が大」→「役割支持が多」→「肯定的自我概念が大」→「生活満足度が高」として知られている。

※離脱理論（disengagement theory）
社会システムからは、能力が減退した高齢者を撤退させることによって恒常性を維持しようとする均衡維持のメカ

については、その社会関係の成り立ちに関する本格的な研究が、ようやく緒に就いたばかりである。

（注）本章は、浅川達人「人間関係をとらえる」古谷野亘、安藤孝敏編『改訂・新社会老年学』ワールドプランニング、二〇〇八、一〇七―一一五頁に加筆修正を加えたものである。

ニズムが作用する。他方、個人の中では、社会的役割への志向が減少するといった加齢に伴うパーソナリティの変化が進行するため、社会から離脱することが個人にとっても望ましいこととなる。老化とは、このように高齢者と社会体系の他の成員との間の人間関係が減少していく、不可避的な撤退（withdrawal）と離脱（disengagement）の過程であると主張するのが離脱理論である。

Q & A

Q 「高齢者は社会的に孤立しており、孤独に過ごしている」と思い込んでいる若者は少なくない。このような思い込みからは、どのような問題が派生するであろうか。

A 人は誰でも、多くの他者たちに取り囲まれ、さまざまな関係を取り結びつつ生活している。個人と、彼または彼女を取り巻く他者たちとの関係を社会関係（social relationship）という。われわれはしばしば、高齢者は孤独だと勝手に思い込んでいるために、高齢期を寂しいものだと想像したり、高齢期を迎えることに恐れを感じたりすることがある。

しかしながら、実証研究の結果は一致して、「社会的に孤立した孤独な高齢者」など実際には、きわめて稀なことを明らかにしている。また、社会関係が若い頃に比べて縮小していたとしても、社会情緒的選択理論が示すように、それは親しい他者との交流のみを選択的に残した結果であり、むしろ幸福な老いをもたらすものである可能性もある。このように、高齢者の社会関係について正確な知識をもつことは、誰もが迎える高齢期に対して準備をするうえで必要不可欠なことである

ブック・ガイド

古谷野亘、安藤孝敏編『改訂・新社会老年学――シニアライフのゆくえ』ワールドプランニング、二〇〇八。

エイジングに関する科学は老年学と呼ばれる。老年学は、身体の老化と老人病を主な研究対象とする老年医学と、老化の社会的側面を主な研究対象とする社会老年学とに大別される。本書は社会老年学のテキストであり、高齢期の職業と家計、高齢期の人間関係、サクセスフル・エイジングなどについて解説されている。

前田信彦『アクティブ・エイジングの社会学――高齢者・仕事・ネットワーク』ミネルヴァ書房、二〇〇六。

これまで高齢者は、生産年齢からはずれた弱者としてとらえられがちであった。しかしながら、現実の多くの高齢者は元気に生活し、またその多くがさまざまな社会活動への参加の意欲を維持している。そこで高齢者を、社会を支える「市民」というカテゴリーの中に積極的に位置づける「アクティブ・エイジング」という発想が重要となる。本書はこの「アクティブ・エイジング」という概念を手がかりに、高齢期の生活の諸相を豊富なデータに基づいて解説している。

岩間信之編『フードデザート問題――無縁社会が生む「食の砂漠」』改訂新版、農林統計協会、二〇一三。

フードデザート問題は、「食料品供給体制の崩壊」と「食料品店へアクセスすることが困難な状況におかれている人々の集住」という二つの要素が重なったときに発生する社会問題である。日本では高齢者の低栄養問題として近年注目を集めている。健康でいきいきとした高齢期を過ごす高齢者が多数存在する一方で、低栄養状態におかれ社会から排除されている高齢者もまた存在する。本書では、この問題について具体的に検討が加えられている。

第十三章　病いの物語を産み出す営み
―回復への夢と絶望との狭間で

一　「病い」へのアプローチ

※医療の発展と人間の苦しみ

人は人生の中で、自分の心身が通常のようではないと感じる経験をすることがある。この経験は、われわれの社会では、専門的医療の概念でとらえられることが多い。たとえば、苦しんでいる人が治療機関へ行ったり、本を読んだりすることによって、自分の「病名」を知る場合がある。あるいは、思いもかけずに自分が「病気」であると何かの機会に知らされることもある。

そんなときに私たちがまず抱くのは、それが医療技術によって治され、もとの健康な状態に戻るというイメージ、そして、さもなければ、それは、すなわち「不治の病い」であり、絶望と死が待っている、というイメージではないだろうか。しかし、そのようなイメージは現実にそぐうものだろうか。

いま、私たちの多くが恩恵を受けている医療技術は、一九世紀後半のヨーロッパで急速な進歩を始めた。その影響を受けた日本社会においても、治療や診断の技術は、いまなお発展を続けている。それら医療技術のおかげで、私たちは、かつては死に至る病いとして知られていたもののいくつかを、それほど恐れなくとも済むようになったし、それ以外の病気についても、比較的大きな期待をもてるようになった。

しかし、それは私たちがすべての病いの苦しみから解放されることを必ずしも意味しない。進展する医療技術をもってしても、そこからこぼれおちるような苦しみはある。治療方法の乏しい希少な病気。なかなか診断が確定しない経験がもたらす苦しみ。あるいは、ある特定の医療技術を実際に用いるか否かを決断する際に直面する悩み。こうしたさまざまな種類の苦しみや悩みは、二一世紀社会において、これまで以上に大きなテーマとなるだろう。

二　近代医療に対する社会学的視座

※「病い」と「回復の物語」

二〇世紀後半に発達した医療社会学や医療人類学には、発展する近代医療への反省的ないし批判的な見方が含まれていた。それは、医学的に定義される「疾病」ではなく、むしろ、人々に経験され、意味づけられるところの「病い」をとらえようとする。

私たちは「病気」という言葉から「本来は近代医学によって名付けられ、原因が明らかになるはずのもの」というイメージを抱きやすいが、「病い」という言葉には敢えてそうしたイメージとは距離をとってゆく戦略的な意味が込められている。次に挙げるのは、医療人類学者A・クラインマン（Kleinman, 1941-）による「病い」の定義である。

病いという言葉は、病者やその家族メンバーや、あるいはより広い社会的ネットワークの人びとが、どのように症状や能力低下（disability）を認識し、それとともに生活し、それらに反応するのかということを示すものである。病いは、喘鳴とか、腹部の激痛とか、鼻閉とか、あるいは関節の痛みなどのような身体的な過程を監視（モニター）し続けるという生きられた経験である。（クラインマン、江口重幸ほか訳『病いの語り』誠信書房、一九九六〔原著一九八八〕）

ここでは、「病い」は、それにかかわる人々が「認識」し、それと共に「生活」し、それに対して「反応」してゆく経験とされている。この定義に従えば、医学的に定義される以前の状態や、医学的な定義からこぼれおちるものも研究対象に含まれる。また、たとえば、医師に対する患者としての役割のみによって人々を限定的にとらえるのではなく、人々の生活を文脈として視野に入れる。そして、何よりも肝腎なこととして、生理学的現象だけではなく、体験者の感じ方や受け止め方に着眼するべきだ、ということになる。これらが経験としての病いの意味するところとなる。

A・フランク※（Frank）は、心臓発作と睾丸癌を自ら経験している。彼は、医療検査と手術を受ける過程で、さまざまな相手——家族、同僚、医療従事者——に物語※を語ることを要求

※**フランク（Arthur W Frank）**
医療社会学者。カナダのカルガリー大学社会学部教授。三九歳のときに心臓発作を、そして四〇歳のときに睾丸癌を経験。その後、寛解に至るが、「医療」の中では苦しみが語れないという思いを抱く。

※**物語**
第二章脚注参照（二五頁）

された。こうした人々は、それぞれの関心で病人の身に何が起こったのかを知りたがる。それに対して答えようとすれば、起こっている出来事を語ることになるが、それは文字通りの事実の伝達ではなく、今、自分がどういう状態にあるのか、これからどうなっていくのか、ということに関する判断が入ったものになるから、何らかの形で筋立った物語の体裁をとることになる。病いは物語を語る自己（第二章、参照）を招き寄せる。

フランクは、近代社会において、あるタイプの物語が支配的な傾向を帯びると主張した。それが「※回復の物語（the restitution narrative）」である。これは、「昨日私は健康であった。今日私は病気である。しかし明日には再び健康になるであろう」という基本的な筋をもつ物語とされる。この物語の最も重要な特徴は、物語の結末が元の状態に戻る点にある。それによって、病いは、ちょうど機械の故障がなおるように、医薬品や医療技術などによって修復されるものとして描かれることになる。また、そこから派生する特徴として、第一に、物語の中間部をなす「病気」の状態は、あくまでも一時的な中断ないし脱線として描かれる。また、第二に、主人公がどう病いに対処したのかよりも、むしろ、専門技術をもち、治療を可能にする他者の能力と活躍の方が雄弁に語られやすい。フランクによれば、近代社会においては、こうした特徴をもつ物語が臨床の現場から市販薬のコマーシャルに至るまで溢れており、病いはかく語られるべきだという雰囲気を産み出している。

問題は「回復の物語」に自らを適合させにくい人々がいることである。フランクは、それを「※寛解者の社会」と呼んだ。これは、慢性疾患や変性疾患のように、切迫した治療の必要性（あ

※回復の物語
邦訳書では「回復の語り」と訳されているが、ここでは「回復の物語」と表記する。

※寛解（remission）
病気そのものは完全に治癒していないが、症状が一時的に軽減または消失することを指す。佐藤純一（1948- ）によれば、この言葉は、白血病や統合失調症など、根治はしないが治療により軽快・小康状態が期待できる特異な疾患でのみ使われる（佐藤純一編『文化現象としての癒し―民間医療の現在』メディカ出版、二〇〇〇）。

るいは治療の可能性）が必ずしもないまま病いと付き合う人々のことを指す。そのようなケースにおいては、人々は「回復の物語」を語りにくく、したがって、自分に合った物語を模索していかなければならない。こうした人々は、前向きな物語を語れないことから、社会の中で息をひそめることになりやすく、目を向けられにくい。

三　病いとしてのパーキンソン病

病いの経験にアプローチするために、筆者がフィールド・ワークを行ったパーキンソン病のセルフヘルプ・グループ※の例を挙げよう。

❋パーキンソン病の基本的特性

パーキンソン病は、中脳の黒質という部分の変性によって、神経伝達物質ドーパミンが不足する病気である。なぜ黒質の変性が起こるのかは不明であり、根治療法は確立されていない。ドーパミンの不足によって、手足が震えたり、歩くときなどの第一歩が出なくて固まったようになってしまったり（これを「すくみ足」という）、顔の表情が乏しくなったり、字がうまく書けなくなったりと、筋肉を動かすことに関するさまざまな症状が現れ、進行していく。

パーキンソン病になった人の中には、人前で震えやすくみ足が出ることに恥ずかしさや気後れを感じ、だんだん人前に出るのを避けるようになる人が少なくない。

※セルフヘルプ・グループ
第二章脚注参照（二五頁）

これに対して、震えやすくみ足のような症状をコントロールするための薬物療法や外科療法が、近年発達してきている。しかし、これらの療法は、あくまでも症状を緩和するものであり、パーキンソン病そのものの「回復（restitution）」をもたらすものではない。また、長期の使用による効果の減少や、さまざまな副作用がある。したがって、パーキンソン病と付き合っていくためには、それらの療法を活用して、生き難さの軽減をはかる一方で、それに「回復」への夢を託して頼り切るのではなく、むしろ、冷静に距離をとり、なおかつ希望を失わないことが重要になる。

※セルフヘルプ・グループ「全国パーキンソン病友の会」

筆者は、二〇〇五年一〇月からセルフヘルプ・グループ「全国パーキンソン病友の会」の活動に参加している。この会は一九七六年に結成され、現在では各都道府県に支部をもち、約八〇〇〇名程度の会員——家族介護者や、パーキンソン病に関心のある人なども含む——を擁する。各支部の活動はさまざまであるが、何らかの集まりを催して、会員同士の交流をはかる点では共通している。交流の形態は多様であり、福祉施設や医療施設などに部屋を借りて、午後の時間帯に二〜三時間行われる集会もあれば、日帰りないし一泊でレクリエーションの形をとるイベントなどもある。

✳例会と語り

人々の集まりに参加し、そこでの語りに耳を傾けているうちに、特徴的で、また少なからず共通性のみられる語りが見出された。ひとつは、「リハビリの物語」である。たとえばある交流会（二〇〇六年七月）が始まった直後、参加者が一人ずつ自己紹介をする場面で、田坂賢児さん（仮名、当時六〇代）は、次のように語った。

発病して四年になります。症状は震え。薬は増えてきました。メネシット〔を一日に〕五錠、ビ・シフロール三、シンメトレル二です。それから、運動。「薬の治療と同時にリハビリが大事だ」とここ〔配布された資料を指さす〕にも書いてある。自分はヨガとリハビリを週に三回やっています。その他に散歩を毎日四〇分。整体に週二回。二カ月前、雨の日が多くて、さぼり気味になってしまいました。散歩と整体は行かなくなりました。一カ月たったら、すくみ足が出てきて、それから、ぼーっと立っているようなことが起こってきて、「どうしたんだ？」などと周りにいわれるようになってしまいました。「さぼっとったからかな」と思って、一カ月前からまたビッシリやったら、元に戻りました。やっぱり、リハビリって大事なんだな、リハビリだけは何が何でもやらなければいかんなと思います。

この日の交流会のテーマは薬についての学習、つまり、自分が処方されている薬の種類を理解することだった。最初に、参加者全員が自己紹介を行うに当たって、司会はいつものように病歴に関する簡単な内容を求めた。田坂さんは発病からの期間と、悩んでいる主な症状を述べた後、処方されている薬の名前と一日当たりの量をそらんじた。

しかし、その後、彼はすぐに話題を「リハビリ」に転じる（「それから運動」）。自分が取り組んでいる内容について語った後、ひとつの物語が語られる。この物語は、「リハビリ」の中断（「さぼり気味」）によって問題（「すくみ足」「ぼーっと立っている」）が発生し、状態が悪化する出来事を中間部にしている。そして、「リハビリ」を再開することによって、その問題が消失し、主人公の状態も再び元に戻る、という筋になっている。語り手の田坂さんは、この時期の他の交流会でも同様の物語を頻繁に語っていた。

もうひとつの特徴的な語りとして、「病いを笑う語り」を挙げておきたい。あるとき（二〇〇七年九月）、頻繁に集まってリハビリを一緒に行っているメンバー同士の集まりにおいて、次のような出来事があった。

三カ月ほど前から参加している助田さん（仮名、当時七〇代男性）は、リハビリの運動を始めて一〇分ほどして、動きが急に止まってしまった（これは薬の効果が切れた「オフ」と呼ばれる状態である）。彼は、その後のメニューに何とかついていこうとしたが、姿勢を変えるのが難しい状態だった。仰向けに寝た状態から、スクワットをするために立ち上がらなければならなかったが、他の人が皆立ち上がっているのに、彼だけが座ったまま時間が過ぎた。筆者が近寄ると、彼は「すまんな」と言った。筆者は彼の両手を引っ張り、彼は立ち上がった。

スクワットが終わって、腹筋運動のために座ろうとするとき、助田さんと同じ頃から参加している俵さん（仮名、当時七〇代男性）が、ふと「足に吸盤が生えたみたいだ」と言った。すると、周りからは「床に吸いついとるもんな。小回りがきかん」とか、「わしなんかスリッパが脱げんもん」といった反応が出た。助田さんにも「吸盤っちゃ、よく言ったもんだ」と笑顔が見られた。

※分析

リハビリの物語は、田坂さんの例に見られたように、「回復の物語」と同型でありながら、解決される問題は、パーキンソン病そのものではなく、むしろ、小さく切り取られた限定的なものになっている点に、その特徴がある。見方によっては、この物語は、解決される問題をあえて限定することで、病いそのものの「回復」を不問に付す、ともいえるだろう。

ただし、ここで注目するべきなのは、まさにそのような仕方によって、希望をもてる物語を語れる、ということなのである。薬物療法や外科療法は、震えやすくみ足などを起こす身体がもたらす生き難さを緩和する手段である。しかし、そこには一定の限界もあるため、医療を頼みとしつつも、完全にそれに頼り切るのでもない生き方が必要になってくる。ここにおいて、「リハビリ」の物語は、薬物療法や外科療法との心理的な距離を確保しながら、なおかつ絶望に押し流されてしまわないための有効な手段になると考えられる。

他方、「病いを笑う語り」の特徴は、私たちにとって当たり前の世界を相対化する点にある。

「当たり前」の世界というのは、歩こうと思った通り足を動かせることは望ましいことであり、逆に、それらができなくなるのは、嘆かわしく忌まわしいことであるという、観念ないしイメージからなる世界である。俵さんがふいに発した「足に吸盤が生えたみたいだ」という一言は、足を「吸盤」にたとえる比喩（メタファー）である。これによって、たとえば、蛸が海流に流されぬよう岩肌にしがみついているようなイメージが浮かぶだろう。すると、私たちが「当たり前」にできると思っている「足を思い通りのタイミングで動かす」ということは、たとえば、岩肌にくっついた蛸の頭をむんずとつかんで引きはがそうとするのと同じで、全く滑稽な無駄骨だ、ということになる。このようにして、俵さんの一言は、「当たり前」を笑いとばす形で相対化する作用をもたらしている。

13-1　交流に参加した後で
（左はボランティア・スタッフ）

これらの語りによって、パーキンソン病の悩みがすべて（そして、いつまでも）解消するというわけではない。病状の進行が、それらの物語／語りを飲み込んでしまうような局面もあるだろう。それでも重要なのは、これらの物語によって、「回復」がなくとも、人生をなお起伏に富んだ物語として楽しめるということである。

四　二一世紀社会における病いの経験

❊より生きやすい物語の模索

医療技術が発展を続ける私たちの社会においては、個人が対処困難な問題を医療技術が解決して健康な状態に戻る、というイメージが抱かれやすい。しかし、そのようなイメージでは決して語りきれない人間の経験がある。本章ではパーキンソン病をひとつの例として取り上げた。

重要なことは、フランクがいう「回復の物語」を語れなかったからといって、そこにはもはや「絶望」しかない、というわけではないことである。「回復」か「絶望」かという二項対立ではなく、それらの間に、人々の希望につながる物語が産み出されるチャンスがある。もちろん、これは病いに直面して容易にできることではない。だからこそ、自分ではない誰か（他者）の助けが何らかの形で必要になるだろう。セルフヘルプ・グループは、それを可能にする場になっているのではないだろうか。

このようにして見ると、二一世紀社会のひとつの側面は、「回復の物語」を語りにくい状況にあって、人々がより生きやすい物語を模索する社会としてとらえられるだろう。社会学は、さまざまな病いについて、そこにある苦しみがどのようなものなのか、その中でどのような希望につながる物語が可能なのか、その際、苦しみをもつ人にどのような他者がかかわるのか、そして、そうした人々の営みをバックアップするような支援的な場や制度があるのか（あるいは、不足しているのか）をきめ細かく丁寧に調査していくべきだろう。

Q&A

Q

病気というのは医学が扱うと思っていたが、社会学がそれを研究テーマとすることにどのような意義があるのだろうか。

A

患者が病院や診察室の外側でどんなことを考え、どんなふうに病いの中を生きているのかということは、医学的には、しばしば「対象外」となり、視野に入ってこない。しかし、その一方で、近年では、そうした狭い意味での医学の殻を打ち破ろうとする機運もある。そうした流れの中で、セルフヘルプ・グループや個人の営みに肉薄し、患者の世界を描き出すような社会学的研究は貴重な存在となるはずだ。また、医学は最先端を産み出すことに専心するため、過去を振り返ることがあまり得意ではない。そのため、医療技術や社会制度がどのような歴史をたどってきて、それが現在どのような恩恵や問題点に結びついているのかを振り返って研究することも重要になってくると思われる。

ブック・ガイド

伊藤智樹編『ピア・サポートの社会学――ALS、認知症介護、依存症、自死遺児、犯罪被害者の物語を聴く』晃洋書房、二〇一三。

五つの事例をもとに、セルフヘルプ・グループを主要な場とする仲間同士の支え合い（ピア・サポート）が、どのようなプロセスとメカニズムで起こっているのかを分析している。

A・クラインマン、江口重幸ほか訳『病いの語り――慢性の病いをめぐる臨床人類学』誠信書房、一九九六（原著一九八八）。

患者は、自分の病いについて医学的な説明と異なった独自の説明モデルをもっており、それがしばしば医療者とのコミュニケーションに影響を与えることが述べられている。

A・フランク、鈴木智之訳『傷ついた物語の語り手――身体・病い・倫理』ゆみる出版、二〇〇二（原著一九九五）。

心臓発作と睾丸癌を経験した著者は、近代医療の中では患者の苦しみはしばしば語りにくいことに気づき、その体験を出発点として、社会における病いの語られ方を洞察している。

第十四章 〈死〉の受容と〈生〉の技法
——成果主義と業績主義を超えて

一 隠蔽された死

※現代における死のポルノグラフィーとネクロフィリア

私たちの社会は、死や暴力に相反する矛盾した感情を抱いている。連日のように事件や事故による人の死が報じられる反面、実際にそうした殺人、死亡の現場で出くわすことはほとんどない。死の現場には即座に覆いが被せられ、死とその痕跡は直ちに隠蔽されるからである。だがその一方で、毎年、暴力や死を伴う映像、映画、ドラマ、小説が制作され続けている。私たちは死や暴力を隠蔽しながら、他方で、それをどこかで求めている。

イギリスの社会人類学者G・ゴーラー（Gorer, 1905-85）は、こうした死に対する意識を死のポルノグラフィーと呼んでいる。ポルノグラフィーとは、直視することや明示的に表現することが禁止される一方で、禁止されるがゆえに、逆に、それに対する欲望が喚起されるようなものを指す。ゴーラーによれば、一方で、死に対するタブーが強化される反面、他方で、死や暴力の描写が噴出している事態が進行するのは、まさに現代社会において性に代わって、死がポルノグラフィーと化していることの表れだという。

また、死が隠蔽され、無価値化されるところでは、その反対にある生や生きることとの意味や価値に対しても懐疑的にならざるを得ない。社会心理学者E・フロム※(Fromm, 1990-80)は、生きることとのリアリティが失われることで、死に対する関心や欲望が高まる現象をネクロフィリアとよんでいる。このネクロフィリアという概念も、元来は性的な事柄、すなわち死体愛(性的倒錯)を指し示す言葉であった。

※フロム(Erich Fromm)(一九〇〇―八〇)
第六章脚注参照(八〇頁)

※公開処刑の廃止と公的空間からの死の排除

死のタブー化は、決していつの時代にも共通する現象ではない。むしろ、近代以前の社会では死は日常的な出来事であった。フランスの歴史学者M・フーコー※(Foucault, 1926-84)の『監獄の誕生』(一九七五)に、一八世紀のフランスで国王殺害の罪に問われた罪人の公開処刑に関する記録が紹介されている。そこでは罪人は残虐な刑罰のあと、四頭の馬によって四裂きにされたという。このような公開処刑は、フランスだけではなく同時代の日本にもあった。江戸幕府は小塚原や鈴ヶ森に処刑場を設け、そこに獄中で討ち取った首をさらしたり、あるいは、江戸市中を引廻した罪人に対し、磔(はりつけ)や火刑(火あぶり)などの公開刑を執行した。しかし、これらの前近代社会では当たり前であった公開処刑は、近代に入ると残虐刑として廃止された。

※フーコー(Michel Foucault)(一九二六―八四)
第八章脚注参照(一〇八頁)

※「病院で死ぬということ」とは

現代では家族という私的空間でも死の隠蔽と非日常化が進む。二〇一二年に内閣府が実施した高齢者の健康に関する意識調査には、「万一、あなたが治る見込みがない病気になった場合、最期は何処で迎えたいですか。この中から一つお答えください」という質問がある。結果は男性六二・四パーセント、女性四八・二パーセントが自宅と答え、病院などの医療施設と答えた人は男性二三・〇パーセント、女性三一・六パーセントである［14-1］。

しかし、現実の死の光景は全く異なる。厚生労働省による二〇一一年の人口動態統計には、人が実際どこで死を迎えたか、一九五一年から二〇一〇年までの数値が掲載されている。［14-2］はそれをもとに、病院、診療所、介護老人保健施設のほか助産所、老人ホームなどを含めた施設内での死亡者割合と自宅での死亡者割合を集計したものである（木村競『演習・死の哲学』トランスビュー、二〇〇二）。調査開始時の一九五一年段階では、自宅で死亡する人の割合八二・五パーセントで八割を超えていた。しかし、その後は、グラフのように下降の一途を辿り、二〇〇〇年一三・九パーセント、二〇一〇年には一二・六パーセントとなってい

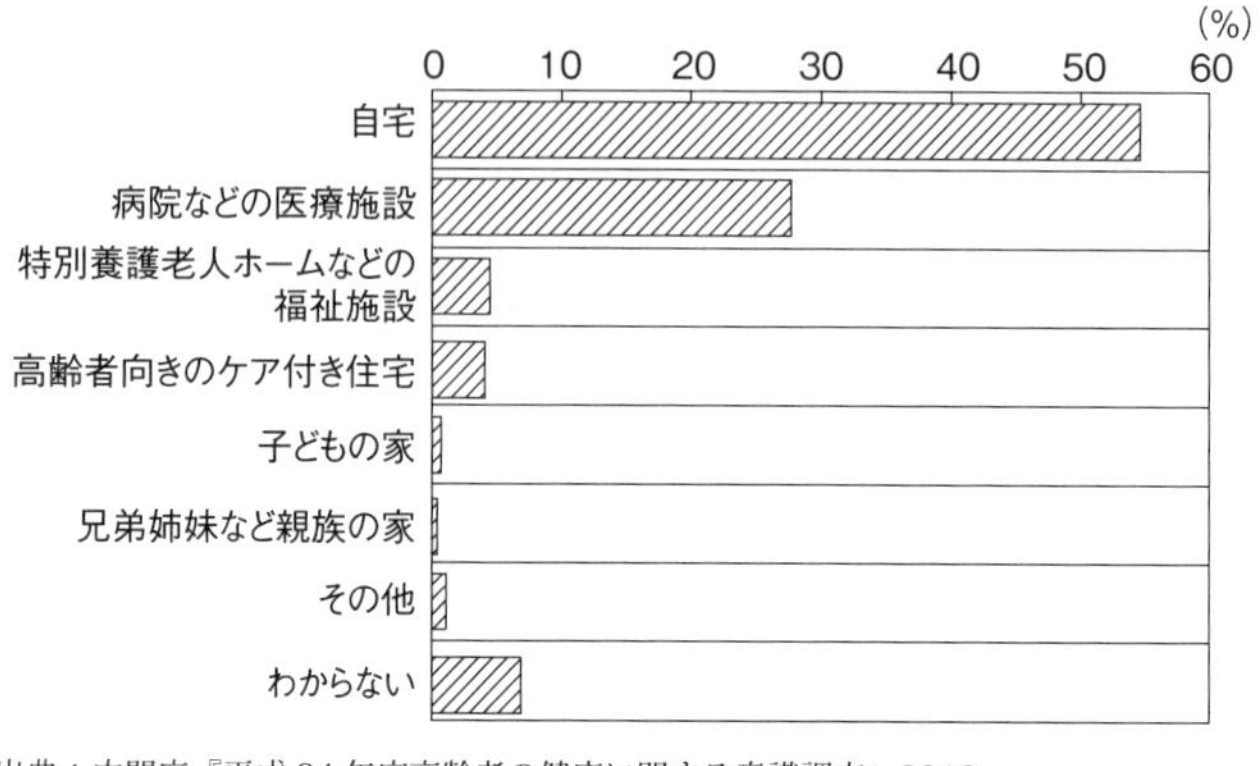

出典：内閣府『平成 24 年度高齢者の健康に関する意識調査』2012

14-1　最期を迎えたい場所

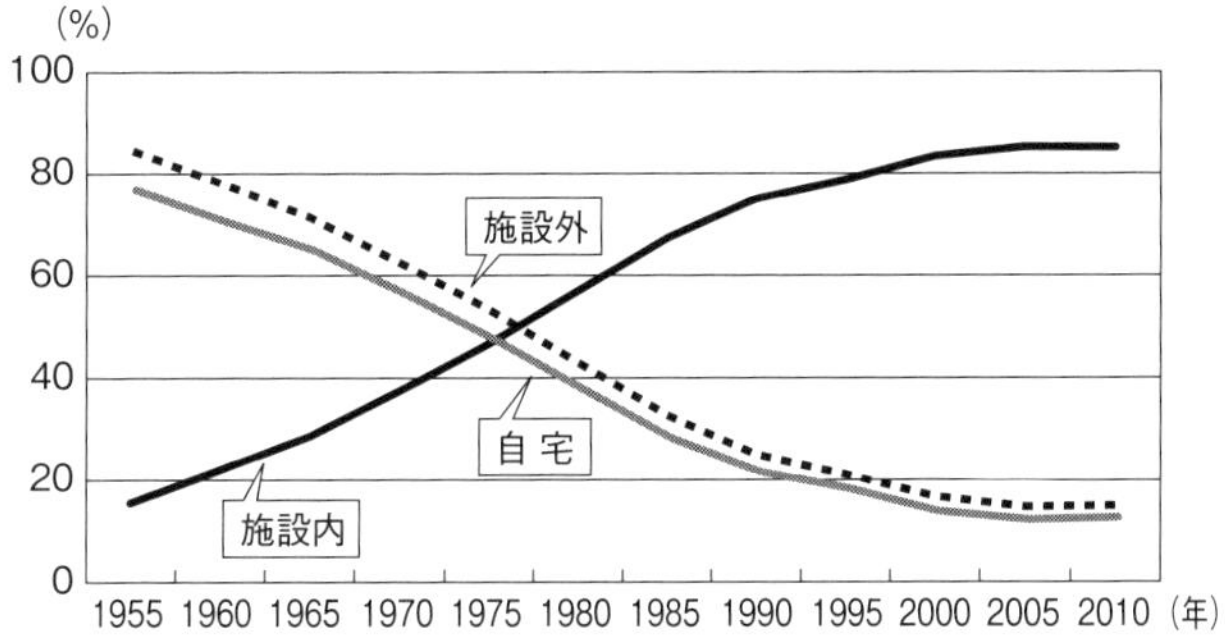

出典：厚生労働省『人口動態統計年報』より集計

14-2　最期を迎えた場所

る。それとは逆に、病院や施設で死亡する人の割合は増加しつづける。調査開始時の一九五一年では一一・七パーセントに過ぎず、二〇〇〇年には八三・四、二〇一〇年には八五・一パーセントと、自宅で最期を迎える人の割合と完全に逆転している（ただし、一九九〇年までは老人ホームでの死亡は、自宅またはその他に含まれていた）。因みに一九七五年の四七・七パーセント以降、自宅で最期を迎える人の割合は五〇パーセントをきっている。団塊ジュニア（一九七一―一九七四年生）とその子供は、家で誰かを看取る経験がないと見てよいだろう。

つい数十年前まで自宅で臨終を迎えるのはごく普通の光景であった。しかし、現在では、人は病院で死ぬ。場合によっては、家族が死に立ち会うことなく、医療機器に囲まれて死ぬ。そして死後、遺体処理の専門家が処理を行い、衣服も改め、私たちはあたかも眠っているような姿の死者と対面する。N・エリアス※（Elias, 1897-1990）によれば、現代人は心の中で死を深く隠蔽した結果、死にゆく者に直面したとき何を話し、何を差し伸べればよいか、わからなくなるという。その結果、死にゆく人は、本当は手を差し伸べ、死について語りあうことを欲しているのに、一人孤独に死を迎えることになる。しかし、死の隠蔽は、死にゆく者たちだけの問題ではない。死のポルノグラフィー、ネクロフィリアといった現象が示しているように、死の隠蔽は残されたものたちの生きることのリアリティ喪失へと通じている。

二　開かれた死を求めて

❊ドン・キホーテの死

近代以前の社会では、死は人々の日常生活の中に確固とした居場所を有していた。しかし、近代以降、死は隠蔽され、現代の死は医療技術によって征服し、克服すべき対象とされた。P・アリエス※（Ariès, 1914-1984）は、現代と異なる死のあり方をM・de・セルバンテス（Cervantes, 1547-1616）の『ドン・キホーテ』に求めている（以下、セルバンテス、牛島信明訳『ドン・キホーテ』岩波文庫、二〇〇一、参照）。

この小説は、中世の騎士物語に夢中になった五〇歳前後の老郷士アロンソ・キハーノが、ある日をさかいに、姪と家政婦との静かな生活を捨て、遍歴の騎士さながらに、騎士道を

※エリアス（Norbert Elias）（一八九七－一九九〇）
ドイツの社会学者。文明化と暴力に関する歴史研究で知られる。代表作に『文明化の過程』（一九三九）、『宮廷社会』（一九七五）などがある。

※アリエス（Philippe Ariès）（一九一四－八四）
アナール学派（第八章参照）の流れを汲むフランスの歴史学者、社会学者。代表作として『〈子供〉の誕生』（一九六〇）、『死を前にした人間』（一九七七）、『死と歴史』（一九七五）がある。

実践すべく、自らをドン・キホーテと名乗り、各地を旅するというものである。巨人と見立てた風車に戦いを挑んだり、村の田舎娘ドゥルシネーアを騎士の伝統にしたがって、姫として崇拝する彼の様子を見て、周囲の人々も彼を狂人と見なしていた。

しかし、最終章でいよいよ彼が死を迎えることになると事態は一変する。「病人のぐあいが思わしくないのを知った医者は、もはや生命が危ない状態にあるから、なにはともあれ、魂の救済に気を向けるように言った。ドン・キホーテは医者の言葉を素直に受け入れた」。死に臨んでドン・キホーテはますます正気を取り戻し、姪にこう告げる。「姪よ、わしはもうすぐ死ぬことになろうが、せめて、死に至るまで狂人であったという評判を残すほどわしの生涯が不幸だったわけではないことを、人にわかってもらえるような死に方をしたいと思う。つまり、なるほど、わしは狂人であったが、今わの際にその事実を認めたくはないのよ。ついては、告解をして遺言書をつくるつもりだから、司祭や学士のサンソン・

出典：セルバンテス、牛島信明訳『ドン・キホーテ：後編』（三），岩波文庫，2001（原書 1615），409 頁.

14-3　ドン・キホーテの死

カラスコや床屋のニコラス親方といった、わしの親しい友人たちを呼んでくれぬか」。

※死期の自覚と臨終の公開性

ドン・キホーテの時代と、私たちの時代の死の間の最も大きな差異は、死の自覚である。「わしはもうすぐ死ぬことになる」というドン・キホーテのせりふに見られるように、当時の人々は、自らの死を肉体の変化とともに自覚することができたという。また、アリエスによると、病の床に臥して死を待つことが一般的であり、およそ信仰の告白、罪の告解、生者への許し乞い、彼らのための信仰上の行為、臨終の祈り、墓所の選定からなる臨終の儀式を、医師や司祭の力を借りて死にゆく者自らが主催したのである。それゆえ、病の床に臥して待つ死とは対極にある急死が、最も恥ずべき醜い死と考えられていた。「ぽっくり死ぬ」ことを理想とする私たちの社会文化では、むしろ、急死はある種、理想的な死ですらある。また、急死の最も典型的な例として暗殺に対しては、罰金が課されていたという記録や、暗殺の前に懺悔をしたことが証明されれば、禁止されていた教会内への埋葬が許可されたという記録がある。

死期の自覚とならぶドン・キホーテの死のもうひとつの特徴は、死の公開性である。臨終の儀式には、医師や司祭のほかに親戚、友人、隣人が立ち会うことが必要であった。また、当時は大人だけなく、子供たちも、臨終の部屋につれてこられた。当時の死は、死にゆく者と見送る者とが織りなす公的な儀式によって支えられ、この儀式を通して、死は家族という私的な空間から公的空間へ通路をもっていた。

もちろん、臨終の儀式を終えたドン・キホーテは、現代のドラマのように、遺言とともにこと切れるわけではない。まず、臨終の儀式を迎えるまでに、医師の助言から六時間以上の昏睡状態があり、儀式のあと失神状態に陥り、三日間、発作を繰り返した後に亡くなる。とはいえ、最期の瞬間の三日前には確実にドン・キホーテは死を自覚し、その後、臨終の瞬間に立ち会った司祭と公証人――医者ではない――によって彼の最期が確認されたのである。

※見えない死の出現

ドン・キホーテの死と私たちの死のあり方のこうした差異は、臨終に対する時間意識の違いに由来している。一七世紀の死は、死にゆく者、見送る者の双方にとって目に見えるものであり、また、臨終の儀式のときには、その場は公の空間となり、さまざまな人が現われた。このように人々が死と公に直面することができたのは、死の時間が点（瞬間）ではなく、ある種の幅をもった線（過程）として理解されていたことに由来する（木村競、前出、二〇〇二）。つまり、ドン・キホーテの死がそうであるように、臨終は、医師の助言から遺言作成を経て秘跡、最期の一言に至る数日に及ぶ死にゆく者と見送る者との対話の過程として進行する。

それに対して、現代の臨終は時間の線から点へと極小化されている。一般的な心臓死（三徴候死）では、ほぼ同時に起こる心拍停止、自発呼吸停止、瞳孔の固定化（脳幹機能の停止）で死亡判定がなされる。このような比較的目に見える死亡判定ですら、医師をはじめとする医療関係者の判断がなければ不可能である。そのうえ、ドン・キホーテの死の部屋と私たちの時代の病室とを大きく分かつものは、人工呼吸器をはじめとする高度な延命技術である。人工呼吸器の導入によって心臓は動いている、しかし、生きている徴候が見られず、蘇生しない、という事態が生じた（脳死状態）。厚生省研究班が定めた脳死判定基準（「竹内基準」）では、人の死ははるかに専門化し、その不可視化が進行している。

臓器移植をめぐる論争では、心臓死か脳死かという対立はきわめて重要な意味をもつが、死の時間の観点――線（過程）か点（瞬間）かという観点――からすれば、両者の差異は問題ではない。心臓死、脳死双方に共通しているものは、死が一連の医学的・生理学的な指標によって定義されるということ、その結果、死の判定が、医療器具と専門家の待機する病室という隔離空間においてしかなしえないということ、そして、その病室が治療と延命の行われる空間であるがゆえに、死は治療と延命が断念される瞬間、すなわち、時間上の「点」、しかもかぎりなく極小化した不可視の点としてイメージされるということである。

三　〈死〉の受容と〈生〉の技法

❊近代社会と成果主義、業績主義

近代における死の隠蔽とは、死が線から点へと極小化し、不可視な出来事と化すことである。そして、セルバンテスが日常の出来事として描き出したドン・キホーテの臨終は、現代、ターミナルケアや緩和医療という形で実現しつつある。しかし、なにゆえ私たちは死を微分化し、消滅させようとしてきたのであろうか。

近代社会は、何らかの成果を生み出す者に対してのみ、その存在価値を認める社会である。政治的なものであれ、経済的なものであれ、あるいは、文化的なものであれ、成果主義と業績主義こそが、近代社会を支える原理である。その中で進歩、若さ、強さ、そして「生きる」ということに絶対的な価値が置かれ、反対に、衰退、老い、弱さ、「死ぬ」ことが無価値として切り捨てられてきた。豊かな現代社会を生み出した近代の科学技術、そして、その最先端に位置する医療技術もまた、この成果＝業績主義の延長上にある。その中で線としての死は、かぎりなく微分され、見えない点へと収縮していった。

※死の受容と生の技法

しかし、近代にはじまった死の隠蔽は、二つの方法で現代の私たちにその償いを求めている。第一に、死の隠蔽は逆に生のリアリティを喪失させる。生がかけがえない時間としてリアルに感じられるのは、死という絶対的な終焉があるからである。しかし、死がイメージできない社会では、終わりなき生が全面化し、生きること自体が無意味化する。そうした生の無意味化と惰性化が、死のポルノグラフィーやネクロフィリアに見られるように、死と死をもたらす暴力の魅力を高めている。もはや、私たちは死と暴力という究極な場面を人工的に作り上げることでしか、生の意味やリアリティを感受することができないのかもしれない。

第二に、死の隠蔽は見送る者から喪※の仕事を奪い去る。私たちはかけがえのない人を失ったとき、知性でわかっていても気持ちのうえで整理がつかないという経験に陥る。喪の仕事とは、そのようなときに死者との関わりを一つひとつ思い起こしながら、時間をかけてその存在を断念する作業を意味する。しかし、死が隠蔽されるところでは、死を十分に悼むことが許されない。現代社会では、過度に悲嘆に暮れることが病気、不健全として退けられる。悲しみは自然なこととは見なされず、一刻もはやく克服すべき病的な事態と考えられる。しかし、かけがえない存在を悼む気持ちが認められない社会で、どうして人が人の命を慈しむことができるのだろうか。

死の隠蔽に対して、私たちが支払わなければならない代償とは、新たな暴力の発生と悲しむ能力の喪失である。よりよく生きることが〈生〉の技法であるとすれば、私たちは、既に数百年かかけて隠蔽した〈死〉を直視しなければならない地平に立っている。隠蔽された〈死〉を受容しようとするとき、私たちは〈生〉の技法とともに、成果主義や業績主義そのものを見直す視点を同時に手にすることができる。

※喪の仕事

S・フロイトが「悲哀とメランコリー」（一九一七）の中で取り上げた現象。人は深い愛情の対象であった存在を失うとき、悲しみの感情と罪悪の感情に苛まれる。喪の仕事とは、今はなき死者との思い出を一つひとつ振り返りながら、死者に対する償いと断念に至るための心的作業を意味する。

Q&A

Q

近代社会における「死の隠蔽」とは、どのような事態を指すのか、具体的に説明せよ。また、そうした社会における死の隠蔽がもたらす帰結について、私たちの社会に特徴的に見られる価値観に言及しながら論じよ。

A

近代以前の伝統社会では、公的な場面における公開処刑に見られるように、人の死は日常的な出来事の中に組み込まれていた。また私的な空間においても、人は家で病を得、家で最後を迎える場合が多かったために、生は死と常に背中合わせの関係にあった。

しかし、近代以降、人々は死をタブー化し、公的および私的な空間からその痕跡を消し去ろうとしてきた。その結果、公の空間において死は完全に排除され、私的な空間においても、死や死へと至る病は病院という空間へと隔離され、排除されることになった。

こうして死が隠蔽されてきた背景には、近代社会を支える業績主義や成果主義の存在が考えられる。近代社会においては、何らかの業績や成果に対して高い評価が与えられる。そのために、業績や成果を生み出すことができる能力のみが尊重される傾向が生じる。そうした中で、衰退よりも進歩、弱さよりも強さ、老いよりも若さの価値が重視されるようになった。このような価値序列の中では、死は敗北として社会の表面から排除されてしまう。

私たちの生きる社会は、その圧倒的な科学技術力をもって、これまでにない物質的豊かさを実現してきた。しかし、その裏返しとして、科学によって克服できない死やその痕跡を日常生活の外部に排除、隠蔽してきたともいえよう。ただし、こうした死の隠蔽は、人から死を直視し、死の意味を熟考する機会や、人の死を十分に痛む機会を奪い去ることにつながる。それは、一方で、生きることや生命の価値を軽んじる意識や、他方で、惰性化した生を克服するための暴力や死への魅力を生み出す結果にもなった。

ブック・ガイド

P・アリエス、成瀬駒男訳『死を前にした人間』みすず書房、一九九〇（原著一九七七）。

アリエスは本書で人間が死に対してとる態度が時代によって異なることを指摘した。現代人にとっての死とはタブーとして扱われるが、近代以前の社会では、死はより身近な存在であり、恐怖の対象ではなかったとされる。

G・ゴーラー、宇都宮輝夫訳『死と悲しみの社会学』ヨルダン社、一九八六（原著一九六五）。

今日では性に代わって死に対するタブーが広く行き渡ることで、死について語ったり、人の死を十分に悲しむことが許されなくなる。その結果、悲しみを紛らわせる破壊行動や暴力が生み出されることもある。

E・フロム、作田啓一、佐野哲郎訳『破壊』紀伊國屋書店、二〇〇一（原著一九七三）。

フロムは死や死をイメージさせるものに対して異常な関心をもつ病理をネクロフィリア（死体愛）と呼び、現代社会において生きることのリアリティを失い、深刻な自己疎外を経験する人々が陥る病とした。

第十五章　消費社会・ポストモダニティ・リスク社会
――二一世紀社会のゆくえ

一　消費社会と豊かさ

※心の豊かさ・物の豊かさ

まず、よく引かれるひとつの調査結果を見てみよう〔15－1〕。内閣府の「国民生活に関する世論調査」の中の、今後の生活の仕方として「心の豊かさ」を重視するか「物の豊かさ」を重視するかという問いに対する回答である。これを見ると昭和五五（一九八〇）年あたりを境として、物の豊かさよりも心の豊かさを重視する者が多くなるという傾向がはっきりと現れ、現在に至っていることがわかる。ただ八〇年代、とりわけ、その後半はバブル経済の最中であり、むしろ、人々は多様な商品を買い求めたはずである。なぜ、この時期に、心の豊かさを求める人が増加していったのだろうか。

物の豊かさということでいえば、一九七〇年代に、電気冷蔵庫、電気洗濯機、カラーテレビの世帯への普及率はほぼ一〇〇％に達し、乗用車、ルームエアコンなどの普及率も一九八〇年代以降、上昇し続けていく。第一の推測として、基本的な耐久消費財を手にし、ある程度豊かになった人々が、むしろ、多彩な商品を消費することの中に、心の豊かさを見

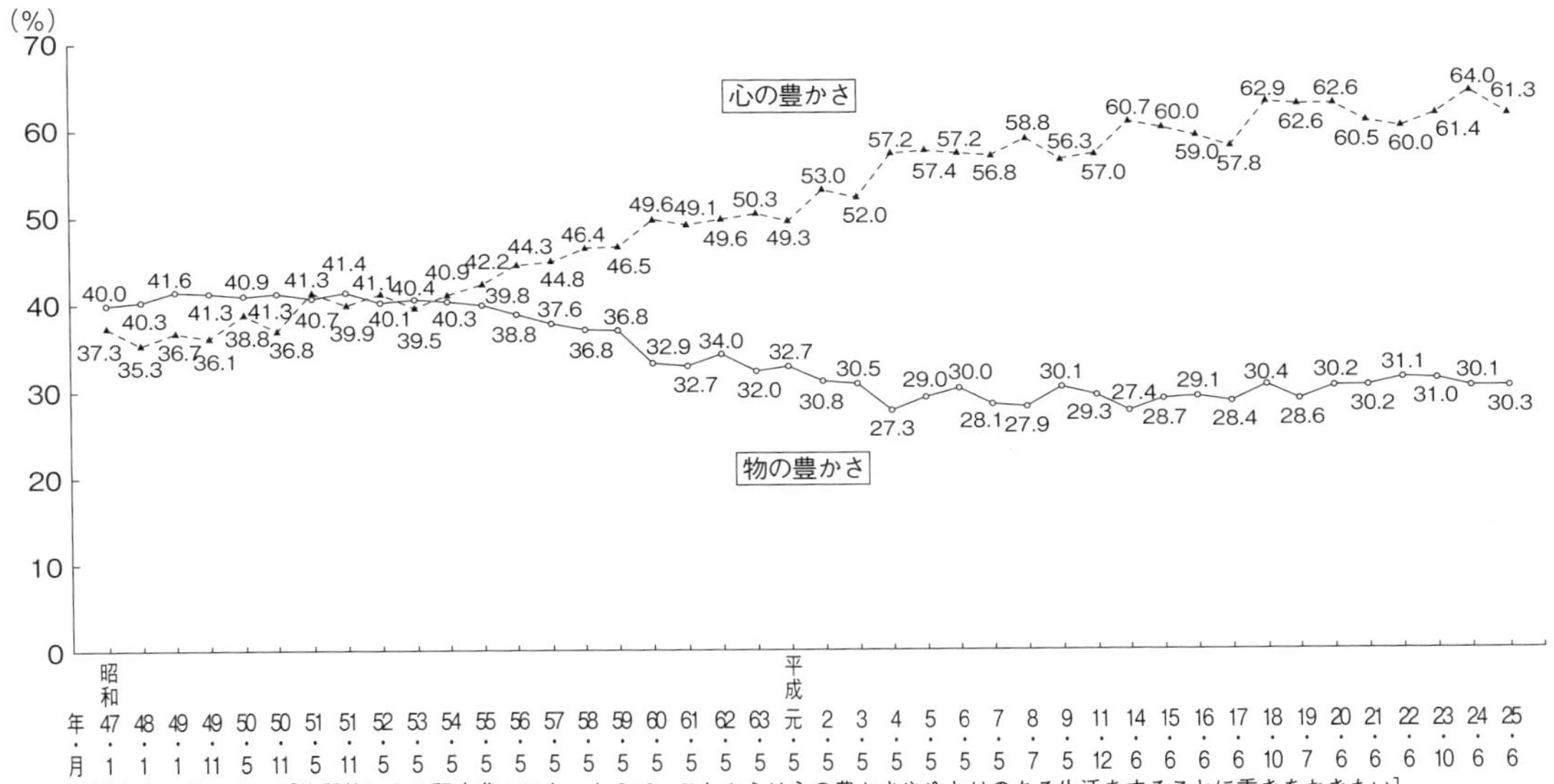

（注）心の豊かさ→［物質的にある程度豊かになったので，これからは心の豊かさやゆとりのある生活をすることに重きをおきたい］
物の豊かさ→「まだまだ物質的な面で生活を豊かにすることに重きをおきたい」

出典：内閣府「国民生活に関する世論調査」より作成

15-1　心の豊かさ・物の豊かさ

出し始めたのだということができるだろう。ただ、「物」と異なり「心」の豊かさは、消費行動に限らず、さまざまな行動によって手にすることのできるもののはずである。隣家や他人がもっている物と同じ物が欲しいという高度経済成長期の人々の一般的願望と比較すれば、ここでいう心の豊かさの具体的な内容は多種多様であるはずだ。

第二の推測として、むしろ、個々人は、たんなる物の所有におさまりきらない、さまざまな生きがいやライフスタイルを、「心の豊かさ」という名目のもとに、それぞれのやり方で求め始めたのだ、ということもできるだろう。

※大衆化の終焉？

第一の推測に関連して、実際、一九八〇年代に、実務家を中心として、かつての大衆は解体したという議論がなされた。その議論によれば、一通りの耐久消費財が普及した後、人々はもはや、大量生産された画一的な商品を他人と同じように追い求めることに飽きたらず、むしろ、消費を通じて「自分らしさ」を表現すること、他人から自分を「差異化」することを求めるようになった。そうしたニーズに応える「多品種少量生産」型の商品が健闘するようにもなっている。人々はもはや画一的な大衆ではなく、趣味や感性におうじて細分化された「少衆」（藤岡和賀夫〔1927-〕）、「分衆」（博報堂生活総合研究所）としてあるとされる。

こうした議論によって指摘されているのは、経済的側面における大衆市場の解体ということであり、政治的側面など社会全体を覆う大衆化状況はむしろ深化しているという主張もまたなされた。ただ、「顔の見える大衆社会」、「柔らかい個人主義」※（山崎正和〔1934-　〕）などといった当時の表現にもあるように、個々人が、商品を消費することを通じて、それぞれの個性（顔）を表出し、柔らかい形で自己を表現するという傾向が顕著となっていたことは疑いない。

※消費社会

消費を通じての自己表現というこうした動向を、しかしながら、別の角度から眺めることもできる。J・ボードリヤール※（Baudrillard, 1929-2007）は、最低限の必要が充足された後、なおかつ消費を継続させていくために、商品とともに、その消費欲求そのものをも創出していく傾向を、消費社会の特徴として描き出した（ボードリヤール、今村仁司、塚原史訳『消費社会の神話と構造』紀伊國屋書店、一九九五〔原著一九七〇〕）。

そうした社会において、商品は、有用性や金額で表される価値以外に、「記号価値」、つまり、雰囲気やイメージを担う記号としての価値をより多くもつようになる。消費活動は、こうした記号としての商品を自分らしく組み合わせ、コーディネートしていく作業であり、その作業に終わりはなく、欲求は際限なく更新されていく。

しかし、こうした消費活動において、人々は、個性や自分らしさを自ら演出しているというよりは、むしろ、そうした役まわりを演じさせられていると見ることもできる。メディアを通じて流通する広告やCMは、欲望喚起装置として働き、新たな消費欲求、心理的な欠乏

※柔らかい個人主義
山崎正和が著書『柔らかい個人主義の誕生』（一九八四）で提示した概念。硬直した信条を固守し、他者と競争するという形での個人主義ではなく、柔軟で美的な趣味をもち、他者に対して開かれた自己表現を行うという形での個人主義。商品を消費する空間やボランティア活動を行う集団などがその舞台となる。

※ボードリヤール
（Jean Baudrillard）
（一九二九－二〇〇七）
フランスの社会学者。パリ大学で教える。記号消費という観点から消費社会を分析することより出発し、後には、情報社会論など、現代社会・現代文明について精力的な批判を行う。湾岸戦争や九・一一テロなど時事問

感を生み出す。そのことが消費を生み出し、さらには、産業システムの維持・拡大へとつながっているのである。

消費社会において、われわれのリアリティ感覚もまた変容を被る。メディアにあふれる広告やＣＭの意図は、商品についての正確な情報を伝達することでは必ずしもない。むしろ、そこで提示されるイメージが消費欲求を誘発することが重要なのであり、その内容が真実であるか虚構であるかということが第一の関心事とはならない。情報化にともなう情報空間の拡大にともない、こうした傾向は、ＣＭや広告に限らず、一般的な情報にも波及していく。人々は、無数の情報の真偽をあらためて問題にすることなく、なおかつ、そうした情報に基づいて、考え、また行動し、現実の世界を形づくる。そこには、現実と虚構の区別が無効化した、ボードリヤールのいう「シミュレーション」の世界、「ハイパーリアリティ」の世界が現れているといいうるかもしれない。

二　ポストモダニティと再帰性

❊ポストモダニティ

消費社会や情報社会としての特質を社会が強めるにつれ、モダニティからポストモダニティへという変化が起こりつつある、あるいは、既に起こっているとする議論がある。モダニティ（「近代性」と訳す場合もある）とは、近代社会全般の社会編成のあり方を指し示す語である。

題に関する発言も多い。著書に、『消費社会の神話と構造』（一九七〇）、『象徴交換と死』（一九七六）、『シミュラークルとシミュレーション』（一九八一）、『湾岸戦争は起こらなかった』（一九九一）などがある。

これに対して、「〜以後」を意味する「ポスト」の語が付されたポストモダニティ（「脱近代」と訳す場合もある）は、従来のモダニティの枠にはおさまりきらない変化が社会の各領域において生じつつあり、新たな社会編成が出現しつつあることを指し示す語である。

ポストモダンをめぐる代表的な論者であるフランスの思想家、J・F・リオタール（Lyotard, 1924-98）は、ポストモダンの世界を「大きな物語の終焉」という現象によって特徴づけた（リオタール、小林康夫訳『ポスト・モダンの条件』水声社、一九八六〔原著一九七九〕）。リオタールによれば、普遍的妥当性を有する根拠のもとに進歩や解放の歴史を語るモダンの大きな物語はいまやその信憑性を失い、代わって、相互に異質で局所的な、無数の小さな物語が散乱する状況が生起したとされる。これは、たとえば、「科学技術の進歩が明るい未来をもたらす」とか、「経済発展が幸せな社会を実現する」といった、近代社会の編成の中軸として共有されていた信念や生活指針が徐々に失われ、代わって多種多様な信念や生活指針が、それぞれの個人や集団ごとに、局所的に抱かれ競合するようになったということを意味する。

こうした変化は、社会の編成のあり方にも波及していく。ヒトやモノ、情報やマネーが国境を越えて移動するグローバリゼーションの動きがそこに拍車をかける。近代社会を支えていた国家、企業、家族といった集団はその堅固さを失い、人々の関係性はよりフレキシブルなものとなり、新しい多種多様な政治的活動の形、生産や労働のあり方、男女関係のあり方が広がっていく。

ポーランド出身でイギリス在住の社会学者Z・バウマン（Bauman, 1925-）が「リキッド・モダニティ（液状化する近代）」という語で表現しようとしたように、消費社会化、情報社会化、グローバリゼーションといった社会変動が相まって、人々の考え方や関係性のあり方、組織のあり方が多様で流動的なものとなっていくのである（バウマン、森田典正訳『リキッド・モダニティ』大月書店、二〇〇一〔原著二〇〇〇〕）。

❊ポストモダニズム

先に、豊かさの意識に関する調査結果に関して述べた第二の推測、つまり、一九八〇年代以降、個々人が多様な生きがいやライフスタイルを求め始めたという推測も、もしそれが適切だとすれば、ポストモダニティへと向かう社会の動き、ポストモダニゼーションの一環と見なすことができるだろう。実際、一九八〇年代には、ポストモダンについて論じることが、一種の知的流行となった。ただ、その際、主として論じられていたのは、実質的には、ポストモダニズムについてであった。

ポストモダニズムは、第一に、ポスト構造主義[※]に代表されるような哲学における思潮であり、普遍的根拠の存在の否定や、事象の意味を一義的に決定することの不可能性の指摘などを特徴とする。そして、第二に、ポストモダニズムは芸術や建築などの文化的活動における潮流であり、制度的表現形式からの離脱、異質なスタイルの混成、大胆な遊びや自由な発想などを特徴とする。

※ポスト構造主義

一九六〇年代後半以降、フランスにおいて、構造主義を批判的に乗り越えるという主旨で起こったとされる思想的潮流。後にアメリカなどにもその影響は波及する。自らをポスト構造主義者と称しているわけではないが、代表的思想家として、J・デリダ（Derrida, 1930-2004）、M・フーコー（Foucault, 1926-84）、G・ドゥルーズ（Deleuze, 1925-95）、P・F・ガタリ（Guattari, 1930-92）などがよく挙げられる。日本では、浅田彰（1957-）の『構造と力』（一九八三）が、その導入の先駆的役割を果たした。

いずれにしても、ポストモダニズムは思想的・文化的潮流であり、社会全般の編成のあり方を示すポストモダニティとは区別されねばならない。むしろ、ポストモダニズム的な思想や文化的活動が注目を浴びたり、流行したりすること自体が、ポストモダニティへと向かう社会の動き、ポストモダニゼーションの一部をなす現象としてとらえられるべきである。

※モダニティと再帰性

しかしながら、現代社会の状況を、ポストモダニティという新しい社会の到来としてではなく、むしろ、モダニティが徹底化されつつある状態としてとらえるべきだとする議論もある。A・ギデンズ※（Giddens, 1938-）は、モダニティの駆動原理として、「時空間の分離」、「脱埋め込み化」、「再帰性」を挙げている（ギデンズ、松尾精文、小幡正敏訳『近代とはいかなる時代か？』而立書房、一九九三〔一九九〇〕）。前近代的な社会では、社会関係は、「具体的な場所でいつ」というローカルな文脈に埋め込まれており、また、過去の伝統に依拠して営まれていた。それに対して、モダニティの進展とともに、社会関係はローカルな文脈から引き剥がされ（脱埋め込み化され）、時空間の無限の広がりの中に再構築されていく。そうした傾向の徹底化された形として、情報化やグローバリゼーションの進展による、時間や場所を問わない世界規模でのコミュニケーション・ネットワークの生成を思い浮かべればよいだろう。

そして、再帰性とは、自らの状態を常にモニタリングし、それを通じて得られる知識や情報によって、自らの状態を常に修正していく動きを指す。固定された伝統やその再解釈に依

※ギデンズ
（Anthony Giddens）
（一九三八－　）
第一章脚注参照（三頁）

拠するのではなく、たえず更新される情報や知識に依拠しつつ、たえず自らのあり方を更新していくことで、社会生活が営まれていく。制度的には、たとえば、公的統計や社会科学的分析によって社会の状態がモニタリングされ、それによって得られた情報が人々の認識や行動に影響を与え、社会の状況が変化していくといったことが挙げられるだろう。また、自己のアイデンティティも、固定された属性として存在するのではなく、むしろ、たえず再帰的に創出され、自らの手でたえず書き換えられていく、いわば「物語」として存在するものとなる。

再帰性と呼ばれる動きは、その動き自体が既存の状態をたえず変化させていくものであるため、社会や自己のあり方に独特の不安定さをもたらす。さらに、こうした再帰性は徹底化されると、モダニティそのもの、その駆動原理自体にまでも適用されていく。たとえば、科学技術の進歩の有益性と同時にそのリスクもまた吟味されるようになる。こうした再帰性のもたらす帰結を、先のポストモダニティという語で表現することもできるかもしれない。しかし、ここでの議論は、そうした帰結が、モダニティの駆動原理そのものによってもたらされているということ、ドイツの社会学者U・ベック（Beck, 1944-2015）の言葉を借りれば、「近代化の近代化」、「再帰的近代化」によってもたらされているということである。

三　リスク社会とつながり

✳リスク社会

再帰性の深化は、モダニティのあり方にさまざまな再考を促す。たとえば、見田宗介（1937-）が指摘したように、消費社会における［大量生産↓大量消費］という流れは、実際には［大量採取↓（大量生産↓大量消費）↓大量廃棄］という流れの内にあり、世界的レベルでの環境問題や貧困・格差問題を生みだしつつも、それを不可視化しようとするなかで成立してきた（見田宗介『現代社会の理論』岩波書店、一九九六）。そして、ベックは、近代化の過程そのものが、その内部からリスクを生み出していくという事態を、「リスク社会」という語で表現した（ベック、東廉、伊藤美登里訳『危険社会』法政大学出版局、一九九八〔原著一九八六〕）。

近代化は、その進展にともなって、放射能、水・空気・食物に含有される有害物質（ダイオキシンや環境ホルモンなど）、地球温暖化やオゾン層破壊など、さまざまなリスクを生み出していく。現代社会におけるリスクの特徴として、まず、かつての貧困や飢えの危機と異なり、日常生活においては、専門家の指摘などがないかぎり、感知しにくいものである、ということが挙げられる。また、貧困や飢えが特定の層に集中して起こる危機であるのに対して、現在のリスクは、国境や世代を越えて、また、人間以外の動植物や自然環境にまでも、すべての存在にあまねく及ぶ傾向が強い。ベックは、「貧困は階級的で、スモッグは民主的である」と述べている。

さらに、リスクの責任の所在を特定しにくい、ということもある。多くの問題において、極端にいえば、責任はすべての人にあるといいうるが、逆にいえば、責任は誰にもないとしてしまうこともまた不可能ではない。

※リスクと世界社会

リスクそのものに加えて、リスク社会にはさらに、リスク認識にかかわる問題がある。リスクが、感知しにくく、また、責任の所在が特定しにくいものであるがために、そもそもリスクがあるのかないか、また、あるとしてそれがどの程度のものであり、また、その責任がどこにあるのかといったことが、専門家間の、さらには、政治的・経済的な争点となる。この意味で、たとえば、環境問題であっても、リスク社会においては、きわめて社会的な現象として現れてくる。そして、リスクの定義をめぐる社会的な闘いの中で、リスクの隠蔽がなされたり、責任回避がなされたりする。また、逆に、リスクの不透明さに由来する人々の不安感を利用して、リスク管理を口実として、社会が一定の方向へと大きく動かされてしまうという全体主義的な動向が現れる可能性もある。

しかし、他方、リスクが国境や世代を越えて広がるということは、同じリスクが、特定の集団や国家、同盟やブロックの枠を越えて共有されているということを意味している。リスクの共有ということの事態は、それぞれの異質性を越えて、同じリスクに協同して取り組む「世界公共性」、あるいは「世界社会」としてのひとつのまとまりが形成されていく可能性をもまた秘めている。

※つながりへの想像力

冒頭で言及したような、個々人がそれぞれのやり方で「心の豊かさ」を求めるという営みは、非難されるべきものではない。ただ、情報化の進行する消費社会という枠内でのそうした営みが、世界規模でのリスクの増殖という傾向と背中合わせになっているという事態に目を向ける必要はあるだろう。

ポストモダニティという語で表現されていたように、たしかに、われわれの考え方やライフスタイルは多種多様で流動的なものとなりつつあり、そこに連帯の契機を見出すことが難しくなってきている。また、逆に、リスクを強調することが、全体主義的な監視や管理を呼び寄せる危険性もある。ただ、少なくとも、われわれ一人ひとりのあり方を再考する、それこそ、「心の豊かさ」の本来的意味をもう一度考えてみることは、出発点となるだろう。

「社会学的想像力（sociological imagination）」という言葉がある。これは、二〇世紀半ばに、アメリカの社会学者C・W・ミルズ（Mills, 1916-62）が、私的な環境と公的な社会構造を結びつけて考える想像力、あるいは、個人の生活史と社会全体の歴史を結びつけて考える想像力を指して述べた言葉である。二一世紀社会を生きるわれわれにとっても、一人ひとりの生活と社会のつながり、個人の人生と世界社会の動向のつながりを考えるという意味で、「社会学的想像力」を活性化することが、ますます必要となるはずである。

Q&A

Q

「二一世紀社会」について論じることはいかなる意味で可能となるのだろうか。

A

「二一世紀社会」がどのような社会になっていくのか、誰にも確言することはできない。そもそも、二〇世紀から二一世紀へという世紀の変わり目をはさんで、社会の状況が一変したわけでもない。ただ、社会の状況がさまざまな側面において、刻々と変化していることもまた事実である。

一方で、そうした多様で無数の変化を、社会の各領域において具体的にあとづけていくこと（実証的・経験的研究）が、まずは不可欠である。しかし他方、それと同時に、それらの成果をふまえたうえで、社会全体の変動に関する見取り図を描くこと（理論的・時代診断的研究）もまた重要であろう。そのような見取り図は、例えていえば、「地図」でしかない。現地の状況がどうなっているか、地図を見ただけでその細部を理解することはできないし、その地図自体、常に更新されていくべきものである。ただ、「二一世紀社会」というフィールドに足を踏み出した私たちにとって、そうした地図は、自分たちの位置を知り、進むべき方向を決めるうえで、少なからぬ手がかりを提供してくれるはずである。

ブック・ガイド

Z・バウマン、森田典正訳『リキッド・モダニティ』大月書店、二〇〇一（原著二〇〇〇）。

一九九〇年代にポストモダンに関する書物を多数著していたバウマンが、はじめて「リキッドモダン」という言葉で現代社会を描き出そうと試みた著作。個人、時空間、労働、コミュニティといった側面から流動化した社会の様相が明らかにされている。

U・ベック、東廉、伊藤美登里訳『危険社会』法政大学出版局、一九九八（原著一九八六）。

第一章ブック・ガイド参照（一七頁）

見田宗介『現代社会の理論』岩波書店、一九九六。

情報化、消費社会化が一方で進行しつつ、他方、内外の貧富の格差が増大していく現代社会の状況を、コンパクトかつ整合的に描き出した書。末尾では、そうした社会的傾向がはらむ新たな可能性のイメージが呈示されている。

第十六章　ポスト三・一一の社会学
――東日本大震災後の社会と社会学

一　中央と地方の断裂と格差

※空間ケインズ主義

戦後日本の地域開発は、国土全体の開発均衡を目指して行われた。昭和三七年一〇月、池田内閣のときに全国総合開発計画（全総）が策定された。その基本目標は「地域間の均衡ある発展」であり、拠点開発構想がとられた。すなわち、「東京などの既成大集積と関連させつつ、開発拠点を配置し、交通通信施設によりこれを有機的に連絡させ、相互に影響させると同時に、周辺地域の特性を生かしながら、連鎖反応的に開発を進め、地域間の均衡ある発展を実現する」ことが目指されたのである。

その後の全国総合開発計画――新全国総合開発計画（新全総）昭和四四年策定、第三次全国総合開発計画（三全総）昭和五二年策定、第四次全国総合開発計画（四全総）昭和六二年策定――においても、基本目標はそれぞれ異なるものの、地域格差の解消（新全総）、全国土の利用の均衡（三全総）、多極分散型国土の構築（四全総）が目指された。すなわち、国内のすべての空間に投資し、平等に発展させることを目指す政策がとられたのである。

このような地域政策を、地理学者のN・ブレナー（Brenner）は「空間ケインズ主義」（Spatial Keynesianism）と呼んだ。ブレナーは、ヨーロッパ、とりわけドイツにおける地域政策を分析した結果、第二次世界大戦後から二一世紀初頭までに三つの支配的なレジーム※（政策の背景にある思想と実践）が交替してきたという。一九六〇年代までとられたのが空間ケインズ主義であった。

※中央と地方の格差拡大

均衡ある発展がこれほど長い間目指され続けたという事実は、均衡ある発展が現実には実現されなかったことを物語っている。全総によって「地域間の均衡ある発展」が実現されたなら、新全総以降の計画において、それは目標とはされなかったはずだからである。「均衡ある発展」を目指した開発計画の下で、現実には何が生じたか。「地域間の均衡ある発展」が実現したのではなく、東京大都市圏、中京大都市圏、京阪神大都市圏という日本の三大都市圏を中心とする太平洋ベルト地帯に人口が集中し、大企業や生産機能が集中するという結果となった。日本経済のエンジンとなったこれらの地域を「中央」と呼ぶならば、中央の経済発展はそれ以外の「地方」からの人材供給によって支えられてきた。こうして、「地域間の均衡ある発展」という建前の下で、現実には中央と地方の格差が拡大してきたのである。

地方は中央への人材流出という事態をなぜ甘受し続けたのか。地方が不満を爆発させ、「支配システムから離反していかないように、それを『中心部』へとつなぎ止めていくための統

※三つの支配的なレジーム
三つの支配的なレジームとは、一九六〇年代までの「空間ケインズ主義」、一九八〇年代までの「内発的発展」、それ以降の「都市圏立地政策」である。空間ケインズ主義とは、国内のすべての空間に投資し平等に発展させる政策である。内発的発展とは、各地域に固有の資源を発展させようという発想であり、都市圏立地政策とは、特定のスケール（特に大都市圏）だけに投資し、それを成長のエンジンに使用とする発想である。

合様式（制度とイデオロギーのセット）」が存在したのである（町村敬志「「平成の大合併」の地域的背景」『地域社会学会年報』一六、二〇〇四）。田中角栄内閣末期の一九七四年に、電源開発促進税法・電源立地促進対策特別会計法・発電所周辺地域整備法という「電源三法」が成立した。これによって、巨大ダムや原子力発電所の開発が「地方」に対して誘導されることとなったのである。地方は、たとえ内発的に発展しなくても、これらの財源により糊口をしのぐことができたのである。

※都市圏立地政策への転換

バブル経済崩壊後、様相は一変する。日本経済の危機を乗り越え、グローバルな競争に勝ち残るため、「地域間の均衡ある発展」ではなく、「東京の再興」に牽引力を発揮させる政策が、国家と東京都によってとられることとなった。小渕恵三内閣（一九九八年七月～二〇〇〇年四月まで）は「国際競争力のある都市の再生」を目指し、続く森喜朗内閣（二〇〇〇年四月～二〇〇一年四月まで）は「都市再生と土地流動化」を、そして、小泉純一郎内閣（二〇〇一年四月～二〇〇六年九月まで）は「都市再生を『国策』に」と掲げて、首都東京の再興を後押しした。

一方、石原慎太郎都政（一九九九年四月～二〇一二年一〇月まで）は「危機」「競争」「世界都市」をキーワードとして都市改造による競争力向上を目指した。ブレナーが指摘した三つの支配的なレジームで述べると、「空間ケインズ主義」から「都市圏立地政策（Urban Locational

Policy)」へと転換したことになる。

※東京におけるホットスポットの出現と平成の大合併

東京では二〇〇〇年代初頭、都心部とベイエリアを中心として再開発が進められた。旧国鉄用地を再開発し、丸の内ビルディング、汐留シオサイト、品川インターシティ、品川グランドコモンズなどがつくられた。ベイエリアでは、産業転換にともなう工場・港湾施設の跡地を利用して、晴海アイランドトリトンスクエア、東雲キャナルコートの開発が進められた。旧国公有地と工場・港湾施設跡地には、区画の大きな土地があり、しかも、権利関係が簡素であるため、ディベロッパーにとっては開発調整のための時間を節約できるメリットがある。さらに、政府は都市再生特別措置法を設け、都市再生事業の手続きの高速化を後押しした。また、容積率の規制緩和を行い、市場に供給できる空間の量を増大させた。この頃、第二次ベビーブーマーが住宅購入を希望するライフステージに達しており、政府が住宅取得者に対する所得控除を拡大したこともあり、都心を中心としてマンションブームが生じ、東京にはホットスポット※が出現することになった。

他方、地方は過疎地域として捨て置かれる恐怖、もしくは、規模を拡大することによって得られる安定感への漠然とした期待に基づいて、平成の大合併がなされた。平成の大合併によっても、中央と地方の間の格差や断裂は解消されないものの、その現実から人々の目をそらしてはくれた。こうしてできあがった日本社会を二〇一一年三月一一日に東日本大震災が

※ホットスポット
ホットスポットは、福島第一原子力発電所の事故以来、放射線量の高い場所を指す用語として使われている。ここではそれとは異なる用法で用いられており、積極的な資本の投入が行われ開発が著しい場所を示す。対義語としてコールドスポットがあり、資本の投資がなされず、資産価格や地価が下がっていく場所を示す。

襲った。

二　津波被災地における復興と自立

※岩手県上閉伊郡大槌町吉里吉里

岩手県上閉伊郡大槌町吉里吉里(きりきり)。人口総数約二、七〇〇人、世帯総数約一、〇〇〇世帯（国勢調査二〇一〇年による）の小さな漁村が、二〇一一年三月一一日の東日本大震災による大津波によって甚大なる被害を受けた。吉里吉里は船越湾に面し、背後を山に囲まれたリアス式海岸に位置する地域である。国道四五号線とJR山田線に囲まれた狭い平地に、氏神様である天照御祖(あまてらすみおや)神社の西側に二丁目が広がり、東側に三丁目が広がっている。国道四五号線が海岸から離れ西に向かうあたりから、国道の両側に広がっているのが一丁目である。そして、JR山田線の北側の山の斜面が四丁目として住宅地に利用されていた。三月一一日の大津波によって、一・二・三丁目に存在した住宅、商店、漁業関連施設、診療所、屯所、郵便局、保育園など、一部を除きほぼすべてが流されてしまった。

山田線に接して建てられていた吉里吉里小学校、堤(つつみ)乳幼児保育園はぎりぎり津波の被害を免れ、四丁目の山の中腹にある吉祥寺とともに、震災当日から避難所となった。避難所には、家を流されなかった住民を中心に、食料、寝具、衣料などが持ち寄られ、被災した住民に提供された。避難所に集まった人々――被災した住民も、被災を免れた住民もともに――は、校庭に穴を掘り、仮設のトイレを設置し、瓦礫を集めて燃やし、灯を点すとともに暖を取った。

❊住民の協働で営まれた避難所での生活

翌日から、住民総出の救出および復旧作業が開始された。吉里吉里中学校のそばにある農村創造センターの広場では、ヘリポートを造る作業が開始された。重機を操作できる住民は、道路を埋め尽くしていた瓦礫を撤去する作業に取りかかった。つぶれた住宅の建材を人の手で丁寧に取り除き、救助および遺体の捜索が行われた。この作業には中学生有志も加わって行われた。被災したガソリンスタンドの燃料タンクからは、瓦礫の中から使えそうなものを集めてきて、自作した手動ポンプでガソリンを汲み上げ、重機や緊急車両に燃料が提供された。作業を終え、疲れきって避難所に戻る住民には、避難所で料理された食事が提供された。

大槌町には七つの小中学校があったが、被災を免れたのは吉里吉里中学校と吉里吉里小学校の二校しかなかった。四月下旬、この二校に残りの五校の生徒を通わせることによって、学校を開始することになった。それに伴い、公民館として使われていた旧吉里吉里中学校体育館（古中と呼ばれていた）を避難所として一本化することになった。この避難所では、その日に何人の被災者が避難所に滞在していたかが、性別・年代別に克明に記録された。それだけではない、どのような食料が提供されたかも、写真とともに記録された。これらの記録が、支援物資の分配や、避難所で暮らす人々の健康管理に多大な貢献をしたことはいうまでもない。

吉里吉里の人々は、重機の操作ができる人は重機を扱い、料理が得意な人は炊き出しを担い、パソコンが得意な人は記録係となるというように、それぞれの力を活かして、避難所での生活をみんなで支えあった。「物や金は役に立たなかった。役に立ったのは人の付き合いだった」と、この頃のことをＮＰＯ法人吉里吉里国の理事長である芳賀正彦さんは語ってくれた。

※自立に向けて：雇用創出の動き

古中体育館に避難していた人々は、順次建設された仮設住宅に移ることとなり、古中体育館は二〇一一年八月末に避難所としての利用を終え、公民館として利用されるようになった。それから二年が経過した二〇一三年八月末現在、仮設住宅には少しずつ空き家が見られるようになったものの、多くの被災者が未だに仮設住宅での生活を余儀なくされている。仮設住宅に空き家が見られるようになった第一の理由が、吉里吉里地域内に住宅を建設して暮らし始める人が増えたことであれば喜ばしいことである。しかし、実際にはそうではない。この地域を離れることにより仮設住宅を出る人がいるため、空き家が出始めているのである。地域に雇用の場がなければ人々は暮らしていくことができない。

雇用の場を被災者自らが創出すべく立ち上がった人たちがいる。先に述べたＮＰＯ法人吉里吉里国の理事長である芳賀正彦さんも、そのひとりである。芳賀さんは二〇一一年五月に「復活の薪プロジェクト」を立ち上げた。瓦礫と化した住民の住宅の建材を、瓦礫の山から引き抜き、釘などを丁寧に抜いて、チェーンソーで三〇センチメートルという一定の長さに切って、斧で割ることによって薪をつくる。この薪を一〇キログラムを一袋とし、五〇〇円（送料を除く）で販売し、売り上げの八割は作業を担った被災者の収入に充て、残り二割をプロジェクトの活動資金に充てる。これが「復活の薪プロジェクト」であった。九月末までに五、〇〇〇袋を売り上げ、作業を担った被災者は自らの手で収入を得ることができた。

現在は、津波の塩害で立ち枯れた杉を伐採することにより、また、長年にわたって手入れがされていなかった、吉里吉里の里山の間伐を行うことにより得られた木材を、建築用材や木工製品、薪などに加工し、販売することによって、新たな〝なりわい〟を創出し、雇用の確保を目指している。芳賀さんは、常々、「被災前はいつも外を見ていた。今は質素な暮らしでもいいから、自然の恵みを授かる術を身につけ、自らに誇りをもって、ここで生活したい。人口流出の話を聞かなくなる社会をつくりたい」と語ってくれた。

三　ポスト三・一一の社会学

※東日本大震災により露呈された格差

東日本大震災を機に、日本社会に隠蔽されたまま存在してきた格差や断絶が、人々の前に露呈された。福島第一原子力発電所が事故を起こしたことにより、原子力発電のもつリスクに多くの人が気づくこととなった。この事故により必要となった計画停電によって、中央が必要とする電力のほとんどが地方から供給されているという事実を、そして、原子力発電所のリスクを地方に引き受けてもらうことによって、自分たちの生活が成り立っていた事実を、中央で暮らす人々は思い知らされることとなった。

地域社会学者の中澤秀雄（1971-）は、一九六〇年代から八〇年代までとられてきた「空間ケインズ主義」が建前であり、実は戦後一貫して「都市圏立地政策」がとられ続け、その結果、中央と地方の格差が拡大し固定化されてきたことを指摘している（中澤秀雄「地方と中央―『均衡ある発展』という建前の崩壊」小熊英二編『平成史』増補新版、河出書房新社、二〇一四）。グローバル化した世界の中で、世界規模の競争に勝ち残っていかなければならないという勇ましい掛け声の下、過度な消費行動を煽られる中央での生活は、原発などのリスクを一方的に地方に負担させ、多大な補助金によって地方の内発的発展の機会をも奪うことによって成り立ってきた。東日本大震災はこのことを、われわれに突きつけた。

※成長しなくてもやっていけるための戦略

毎週金曜日に首相官邸前で行われてきた脱原発デモ。これほどの規模と持続性をもったデモが行われるということは、多くの人々が原子力発電のリスクに気づいたことを示している し、日本社会に存在する格差や断絶に気づいた人も少なくないことを示している。しかしながら、原子力発電所は再稼働の方向性が打ち出され、中央と地方の格差や断絶を是正しようというような社会の大きなうねりは、残念ながらまだ見られない。

戦後の日本は高度経済成長期とバブル期という成長至上主義の甘美な経験から逃れること

がでないのか、人口減少社会を迎えた今日でも、経済的成長という生活目標にしがみつこうとしている。平川克美（1950-）は「問題なのは、成長戦略がないことではない、成長しなくてもやっていけるための戦略がないことが問題なのだ」と指摘し、「経済合理性の及ばない人間的諸活動を分別する知を早急に立ち上げる必要がある」と述べ、パラダイムシフト（価値観の転換）の必要性を指摘している（平川克美『移行期的混乱』筑摩書房、二〇一〇）。先に紹介した芳賀正彦さんの生活目標は平川の問題提起に対するひとつの解答といえよう。

※社会学を現場で鍛える

このようなパラダイムシフトは、過酷な競争に日々晒されている中央で生活しているとなかなか見えてこないが、関心をもって探しさえすれば、日本各地の小さな地方社会に見ることができる。津波被災地である吉里吉里だけではなく、行政に頼らない村おこしで全国的に有名となった「やねだん」[※]の事例もあるし、中澤も複数の事例を紹介している（中澤秀雄、前出、二〇一二）。

東日本大震災後の社会において、社会学は必要な価値観を見出すことができる主体を育てる学問でなければならないし、そういう主体が生きやすい社会を構築することに寄与できる学問でなければならない。そのためには、自分の生活圏の中だけで思考するのではなく、そことは異なる現場――フィールド――に身を置きながら、現場で社会学を鍛える必要がある。

※やねだん
鹿児島県の大隅半島、鹿屋市の南部に位置する「柳谷集落（通称：やねだん）」。人口約三〇〇人、電車もバスも走らない小さな村である。高齢化率四割のこの村が、「行政に頼らない村おこし」を目指して、豊重自治公民館長を中心として村人総出で取り組んだことにより、二〇〇二年第八回日本計画行政学会「計画賞」最優秀賞を受賞し、地域づくりで日本一になった。このことにより、「行政に頼らない村おこし」の成功例として全国的に有名となった。

Q&A

Q 東日本大震災という大きな災禍を経験した日本社会は、経験する前の日本社会からは少なからず変化している。この変化に対応して、社会学はどの方向に向かえばよいのだろうか。

A 戦後の日本社会は、国土全体の均衡ある発展を目指してきた。しかしながら、現実には人口が集中し、大企業や生産機能が集中する「中央」と、内発的発展も困難で補助金に頼らざるを得ない「地方」との間に格差や断裂が生じていた。こうしてできあがった日本社会を東日本大震災が襲った。震災を機に、隠蔽されたまま存在してきた「中央」と「地方」の格差や断絶が露呈された。今日われわれは、戦後一貫して追い求められた「国土全体の均衡ある発展」という成長戦略から、成長しなくてもやっていけるための戦略を考えなければならない移行期に直面している。

東日本大震災の後の社会において、社会学は必要な価値観を見出すことができる主体を育てる学問でなければならないし、そういう主体が生きやすい社会を構築することに寄与できる学問でなければならない。そのためには、現場に身を置きながら、現場で社会学を鍛える必要がある。

小熊英二編『平成史』増補新版、河出書房新社、二〇一四。

一九八九年に始まる「平成」は、ポスト冷戦と軌を一にし、バブル崩壊と長きにわたる経済停滞を含み込んでいる。この間、日本の社会構造と社会意識にはいかなる変化があったのであろうか。本書は、総説に加え、政治、地方と中央、社会保障、教育、情報化、国際環境とナショナリズムという六つの視点から「平成」という時代を描いた現代史である。

平川克美『移行期的混乱―経済成長神話の終わり』筑摩書房、二〇一〇。

一国の経済発展のプロセスの中で、経済成長がもはや困難なところまで消費も生産も行き着くことがありうる。その兆候は人口の減少に顕われ、日本は先進工業国中でいち早くそのターニングポイントに達しており、今日われわれは大きなパラダイム変換の中にいる可能性がある。そのためにさまざまな混乱状況が生じている。この混乱状況を「移行期的混乱」と命名し、これからの社会のあり方を論じている。

豊重哲郎『地域再生―行政に頼らない「むら」おこし』あさんてさーな、二〇〇四。

行政に頼らない「むら」おこしの成功例として全国的に有名となった「やねだん」を牽引してきた豊重哲郎自治公民館長が、「やねだん」の実践記録をまとめた著作。一九九六年、豊重が自治公民館長に就任したとき、村がもっていた自主財源は一万円。それが二〇〇六年には自主財源の余剰金が約五〇〇万円に達したため、住民全戸に一万円のボーナスを支払った。豊重自治公民館長のユニークな活動の記録が公開されている。

●ら行

●ま行

●や行

●た行

●な行

●は行

●さ行

索　引　配列は五十音順、※は人名を示す。

●あ行

●か行

早川洋行（はやかわ　ひろゆき）　　（第七章，第十章）

名古屋学院大学教授（滋賀大学名誉教授），博士（社会学）

1960 年　静岡県生まれ

1984 年　横浜市立大学文理学部文科（社会学専攻）卒業

1991 年　中央大学大学院文学研究科博士課程（社会学専攻）単位取得退学

主な著作　『流言の社会学―形式社会学からの接近』青弓社，2002

『ジンメルの社会学理論―現代的解釈の試み』世界思想社，2003

『ドラマとしての住民運動―社会学者がみた栗東産廃処分場問題』社会評論社，2007

『虚飾の行政―生活環境主義批判』学文社，2012

出口剛司（でぐち　たけし）　　（第八章，第十四章）

東京大学大学院人文社会系研究科教授，博士（社会学）

1969 年　大阪府生まれ

1993 年　一橋大学社会学部卒業

2001 年　東京大学大学院人文社会系研究科博士課程（社会学専攻）修了

主な著作　"Erich Fromm and Critical Theory in Post-war Japanese Social Theory: Its past, Present, and Future". In Rainer Funk, Neil McLaughlin (Eds.), *Towards a Human Science: The Relevance of Erich Fromm for Today,* Psychosozial-Verlag, 2015.

「戦後社会の生成と価値の社会学―作田啓一における『近代の超克』とその社会学的展開」奥村隆編『作田啓一 vs. 見田宗介』弘文堂，2016

「『ポスト真実』における社会学理論の可能性―批判理論における理論の機能を手がかりにして」『現代思想』（2017 年３月号）（vol.45-6）

※山田真茂留（やまだ　まもる）　（第四章，第九章）
早稲田大学文学学術院教授
1962年　東京都生まれ
1985年　東京大学文学部（社会学専修課程）卒業
1992年　東京大学大学院社会学研究科博士課程（社会学専攻）単位修得退学
主な著作『信頼社会のゆくえ』（共編著）ハーベスト社，2007
『〈普通〉という希望』青弓社，2009
『集団と組織の社会学』世界思想社，2017
『グローバル現代社会論』（編著）文眞堂，2018

田中　淳（たなか　あつし）　（第五章，第十一章）
東京大学大学院情報学環特任教授
1954年　東京都生まれ
1978年　東京大学文学部（社会心理学学科）卒業
1981年　東京大学大学院社会学研究科修士課程（社会心理学専攻）修了
主な著作『集合行動の社会心理学』（共著）北樹出版，2003
『災害情報論入門』（シリーズ災害と社会 第7巻）（共著）弘文堂，2008
『災害危機管理論入門』（シリーズ災害と社会 第3巻）（共著）弘文堂，2008
『東日本大震災の科学』（共著）東京大学出版会，2012

澤井　敦（さわい　あつし）　（第六章，第十五章）
慶應義塾大学法学部教授，博士（社会学）
1962年　愛知県生まれ
1984年　慶應義塾大学文学部（社会学専攻）卒業
1990年　慶應義塾大学大学院社会学研究科博士課程（社会学専攻）修了
主な著作『カール・マンハイム―時代を診断する亡命者』東信堂，2004
『死と死別の社会学―社会理論からの接近』青弓社，2005
Routledge Companion to Contemporary Japanese Social Theory（共編著）Routledge, 2013

執筆者紹介

（執筆の章順，※は編者）

※船津　衛（ふなつ　まもる）　（第一章）

元東京大学大学院人文社会系研究科教授，博士（社会学）

1940 年　東京都生まれ

1962 年　東北大学文学部（社会学専攻）卒業

1967 年　東北大学大学院文学研究科博士課程（社会学専攻）単位取得退学

主な著作『シンボリック相互作用論』（オンデマンド版）恒星社厚生閣，2009

『コミュニケーション・入門』［改訂版］有斐閣，2010

『自分とは何か』恒星社厚生閣，2011

『社会的自我論の現代的展開』東信堂，2012

伊藤智樹（いとう　ともき）　（第二章，第十三章）

富山大学人文学部教授，博士（社会学）

1972 年　愛媛県生まれ

1994 年　東京大学文学部（社会学専修課程）卒業

1999 年　東京大学大学院人文社会系研究科博士課程（社会学専攻）単位取得退学

主な著作『ピア・サポートの社会学―ALS、認知症介護、依存症、自死遺児、犯罪被害者の物語を聴く』（編著）晃洋書房，2013

『支援と物語（ナラティヴ）の社会学―非行からの離脱、精神疾患、小児科医、高次脳機能障害、自死遺族の体験の語りをめぐって』（共編著）生活書院，2020

『開かれた身体との対話―ALS と自己物語の社会学』晃洋書房，2021

※浅川達人（あさかわ　たつと）　（第三章，第十二章，第十六章）

早稲田大学人間科学学術院教授，博士（社会学）

1965 年　長野県生まれ

1990 年　上智大学文学部社会学科卒業

1996 年　東京都立大学大学院社会科学研究科博士課程単位取得退学

主な著作『新編東京圏の社会地図 1975-90』（共編著）東京大学出版会，2004

『格差社会と都市空間―東京圏の社会地図 1990-2010』（共編著）鹿島出版会，2020

『都市を観る―社会地図で可視化した都市社会の構造』春風社，2022

21世紀社会とは何か ―「現代社会学」入門

船津 衛・山田 真茂留・浅川 達人 編著

2014年4月25日 初版第1刷発行
2022年3月10日 第5刷発行

発行者 片岡 一成
印刷・製本 株式会社シナノ
発行所 株式会社恒星社厚生閣
〒160-0008 東京都新宿区四谷三栄町 3-14
TEL 03（3359）7371（代）
FAX 03（3359）7375
http://www.kouseisha.com/

ISBN978-4-7699-1472-3 C1036

（定価はカバーに表示）